Patek Philippe Grandmaster Chime Ref. 5175 mit handgraviertem Wendegehäuse in Roségold.
Sechs Patente, 1.366 Uhrwerkskomponenten, 20 Komplikationen. Mechanisches Werk mit Handaufzug.
Kaliber 300 GS AL 36-750 QIS FUS IRM. Gehäusedurchmesser: 47,4 mm. Höhe: 16,1 mm.

Liebe Leserin,
lieber Leser!

die erste ernsthafte Skizze fertigte ich mit zwölf Jahren. Von da an hatte ich die feste Absicht, ein Segelboot zu bauen. Die Skizzen wurden genauer und realistischer, wichen berechneten Zeichnungen, und mit 30 kaufte ich 17 Tonnen Holz und begann. Ich könnte also behaupten, ich verfolgte konsequent den Traum, ein Boot zu bauen.

Aber das ist falsch. Das war kein Traum. Es war ein Plan, das Boot zu bauen. Ich träumte von etwas ganz anderem. In meinen langjährigen Fantasien segelte ich durch ozeanische Weiten, helle Sommernächte, überstand Stürme und lag in einsamen Buchten vor Anker. Das Entscheidende dabei: Ich war immer allein. Nie schwelgte ich in Dialogen, nie lebte ich Zweisamkeit, nie war ich Teil einer Gruppe, einer Mannschaft gar. Immer nur ich auf dem Boot in der Natur.

Jetzt weiß ich, als Kind wollte ich flüchten, nur mir und dem lieb gewonnenen Meer vertrauend. Später drängte sich mehr der Wunsch nach Einfachheit, nach Konzentration, Pause, Einkehr oder Besinnung in die Träume.

In dieser Ausgabe schreibt Wilfried Erdmann, der Auslöser meiner Träumereien und Pläne, über das Alleinsein auf See, Evgenia Arbugaeva besucht Slawa, einen Meteorologen, der seit Jahrzehnten nur sich und das Eismeer lebt, und wir zeigen, wer der echte Robinson war. – Wir schreiben über Einkehr, Alleinsein, Sammlung, Besinnlichkeit, Konzentration, Kontemplation oder auch Meditation, aber auch über die Einsamkeit.

Meinen Plan erfüllte ich. Das Boot segelt. Meine Träume erfüllte ich bis heute nicht. Seltsamerweise fehlt für das denkbar Einfache dann doch der Mut.

Viel Spaß beim Lesen wünscht Ihnen

Nikolaus Gelpke

Inhalt

Report: Die Leidensgeschichte der Everglades in Südflorida

Politik: Effiziente Abschreckung – die Gefängnisschiffe der Queen

Titel: In der Ruhe liegt die Kraft – was bringt uns die Abkehr von Hektik?

Leben: In diesem Berliner Lokal hinterlassen Gäste ihre Handschrift

Wirtschaft: Ein Strand in Florida schreibt Automobilgeschichte

Kultur: Der Dichter Durs Grünbein über unser Mittelmeer

Wissenschaft: „Galapagos des Indischen Ozeans" – Sokotra

Titel

Das magische Bild des Leuchtturms im sibirischen Chodowaricha gelang der Fotografin Evgenia Arbugaeva durch eine Langzeitbelichtung. Der Preis dafür war eine zu Eis gefrorene Hand, die den Auslöser minutenlang zu drücken hatte.

RUBRIKEN

Übrigens: *Ein schöner (Heft-)Rücken kann auch entzücken. Ein Fisch ist ein Fisch ist ein Fisch ...*

1 MIAMI
Weil der Rasen in der Großstadt grün bleiben soll, ist der Fluss des Grases am Verdursten. Vor allem den Riesenschlangen ist das ziemlich egal, solange sie keiner zu lange schüttelt.
Seite 12

2 DAYTONA BEACH
Am Lenkrad ein Messer, in der Hand einen Hamburger und mit 300 Sachen immer geradeaus. Wie die Zeiten sich ändern – bei der Fahrt essen, das darf man heutzutage nicht mal mehr in den Bussen des ÖPNV.
Seite 76

3 GIBRALTAR
Versprochen waren viele neue Arbeitsplätze. Doch der Zauberspruch der Politik hat glücklicherweise in diesem Fall nicht gewirkt. Sonst wäre so mancher Urlaub heute eine recht trockene Angelegenheit.
Seite 90

4 LONDON
Die britische Hauptstadt, wie so oft stilbildend. Von Fischen lernen, aber nur ohne Schweinkram, war damals very trendy.
Seite 104

5 BERLIN
Der frühere Fußballer, der einmal Schneider war, wollte vor allem, dass seine Familie anständig isst. Und jetzt hat er nicht nur den Salat, sondern ein ganzes Restaurant dazu.
Seite 70

6 KOPENHAGEN
Gefangene mit Privilegien gab es schon vor dem Ex-Bayern-Präsidenten: Sie durften Bier trinken im Knast. Der Freigang allerdings wäre für sie ein feuchtes Vergnügen geworden.
Seite 30

7 SKAGERRAK
Die große Schlacht wurde mit vielen Worten auf vergleichsweise kleiner Bühne ausgetragen. Für die Admiralität war das beinahe noch bedrohlicher als der wahre Waffengang auf hoher See.
Seite 100

8 CHODOWARICHA
So einen WG-Genossen muss man erst einmal finden. Der Mann ist angenehm friedfertig, redet nur wenig, dabei keinen Unsinn und bekommt vielleicht einmal im Jahr Besuch.
Seite 42

No. 107 mare Die Schauplätze

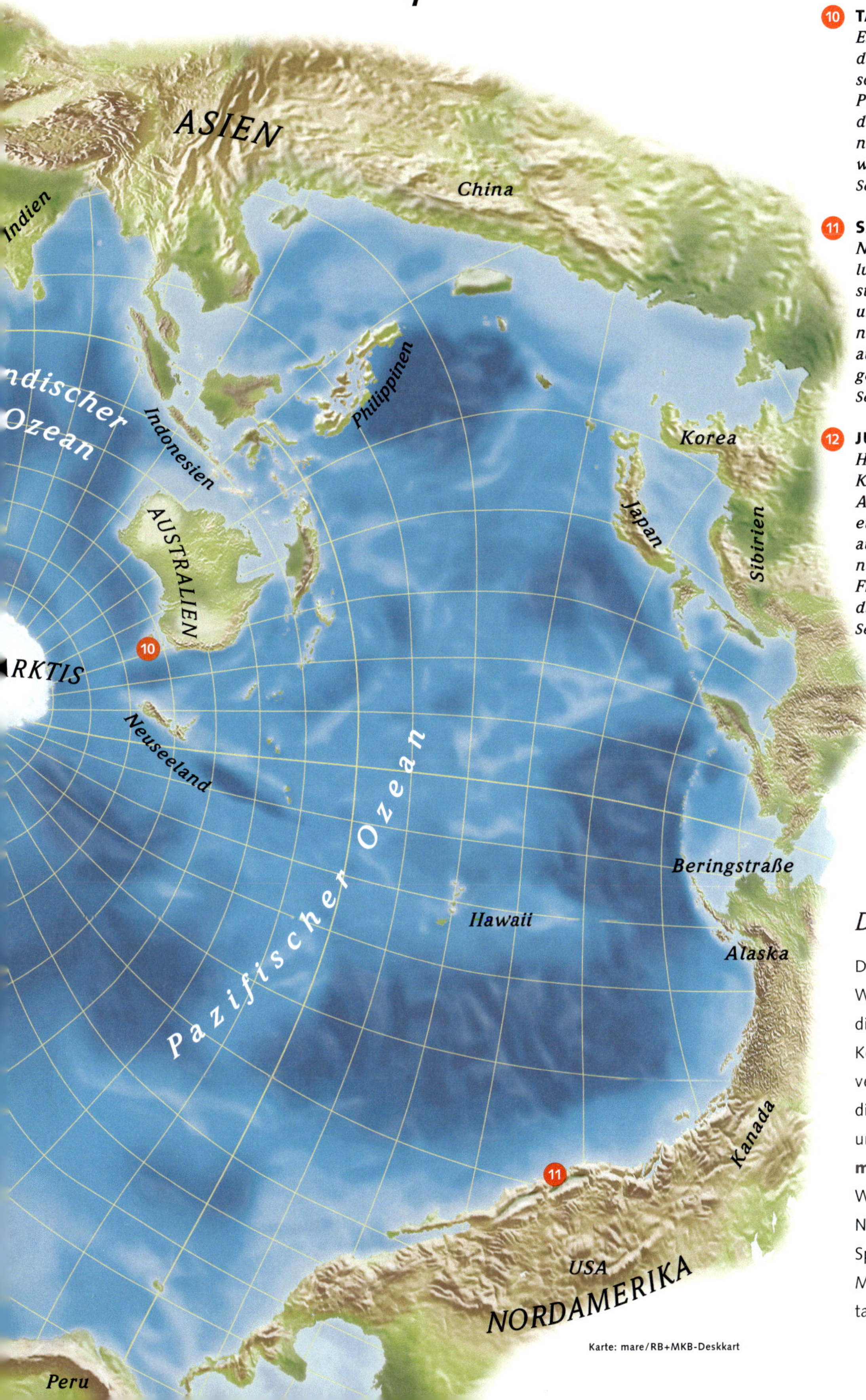

Karte: mare/RB+MKB-Deskkart

9 SOKOTRA
Auf der Insel wachsen Bäume, die aussehen wie früher Chiantiflaschen, die Menschen, die dort leben, sprechen eine Sprache, die keiner schreiben kann. Und wir erzählen keine Märchen, garantiert.
Seite 112

10 TASMANIEN
Es ist nicht die Musikgeschichte, die umgeschrieben werden muss, sollte sich herausstellen, dass die Pilzköpfe wirklich die sind, für die man sie hält. Noch lässt sich nichts klären, und daran ist mal wieder der Alkohol schuld.
Seite 127

11 SAN FRANCISCO
Nüchtern betrachtet, ist es nicht lustig zu ersaufen. Der Schriftsteller aber wollte untergehen und war damit in seiner Zunft nicht allein. Er ist es zum Glück auch mitten im Meer nicht geblieben.
Seite 36

12 JUAN FERNÁNDEZ
Heute vielleicht ein Fall für den Kinderpsychologen. Der kleine Alexander war als Kind schon etwas impulsiv. Und er hätte auch später ein wenig länger nachdenken sollen, als sich die Frage stellte: Bin ich reif für die Insel?
Seite 38

Die mare Weltkarte

Der Versuch, den Globus auf eine Weltkarte zu projizieren, quasi die Quadratur der Kugel, ist ohne Kompromisse zum Scheitern verurteilt. Und so sind es stets die Meere, die auseinandergerissen und verzerrt dargestellt werden. **mare** beschreitet mit seiner Weltkarte den umgekehrten Weg: Nach einer Projektion von Athelstan Spilhaus präsentieren wir die Meere und ihre Küsten so, wie sie tatsächlich zusammenhängen.

Das blaue Telefon

Ihre mare-Hotline in die unerforschten Weiten und Tiefen der Meere

Ihre maritimen Fragen können Sie per Telefon (0800/218 218 2, gebührenfrei) oder E-Mail (wat@mare.de) stellen. Es antworten Ihnen Albert Gerdes und Jana Stone von MARUM – Zentrum für Marine Umweltwissenschaften der Universität Bremen.

Warum wird auf Segelschiffen bei Sonnenuntergang die Landesflagge eingeholt und am Morgen wieder gehisst?

Michelle Brendel, per E-Mail

„Flaggen waren seit je Tagsignale", sagt Michael Stoldt vom Deutschen Seglerverband. Bereits zur Zeit der Landsknechte hatten sie einen Nimbus. Die Truppe scharte sich um ihr Banner, es trennte Freund von Feind. Dem Fähnrich oblag es, die Flagge zu verteidigen und sie abends, wenn der Gefechtslärm abgeklungen war, sicher bis zum nächsten Tag zu verwahren. Die Flaggenparade auf den Schiffen der Bundesmarine, also das morgendliche Hissen und das Einholen am Abend, sowie der entsprechende Brauch an Bord von Yachten kann als Fortschreibung einer in Jahrhunderten gewachsenen Tradition gesehen werden. Freilich wird diese Regel guter Seemannschaft unterschiedlich gehandhabt. So ist es an Nord- und Ostsee, aber auch in brasilianischen Gewässern strikt verpönt, Flaggengebräuche zu missachten. „Er flaggt für den Teufel", sagen die Dänen, sollte ein Segler es versäumen, abends seine Flagge einzuholen. Freizeitsegler berichten, dass nicht eingeholte Landesfahnen nachts sogar gestohlen wurden. Im Mittelmeerraum geht es nach übereinstimmenden Berichten von Segelfreunden dagegen deutlich laxer zu. Über das Warum ließe sich trefflich spekulieren.

Die heutigen Flaggengebräuche auf Yachten folgen Traditionen aus dem späten Mittelalter

Was ist der Unterschied zwischen Hydrothermalquellen in der Tiefsee und im Flachwasser?

Ein Besucher des European Maritime Day, Bremen

Hydrothermalquellen sprudeln rund um den Globus in der Tiefsee und in flachen Küstengewässern. Ihr Ursprung ist in beiden Fällen der gleiche: In manchen Gebieten, in denen Erdplatten aneinandergrenzen, steigt Magma bis dicht unter den Meeresboden. Dadurch wird Wasser, das im Meeresboden zirkuliert, erhitzt und dringt durch Risse nach oben. Schließlich sprudelt es, angereichert mit Mineralen, die es im Untergrund löst, aus dem Meeresboden. Sogenannte chemosynthetisch aktive Mikroorganismen können aus diesen Stoffen Energie gewinnen. Heiße Quellen in der Tiefsee unterscheiden sich markant von denen in flacheren Küstengewässern. „Meterhohe Austrittsschlote gibt es vor allem in der Tiefsee", erklärt Solveig Bühring vom Bremer MARUM. „Nahe der Küsten treten die heißen Fluide als Wasser-Gas-Gemische eher diffus aus dem Meeresboden." Laut der Expertin verursacht den auffälligsten Unterschied jedoch das Licht: Während es in der Tiefsee stockdunkel ist und daher keine Fotosynthese stattfinden kann, dringt ein Teil des Lichtes noch zu manchen Flachwasserquellen vor. Dort treffen Forscher komplett andere Lebensgemeinschaften an als in der Tiefsee. Hier siedeln Mikroorganismen, die die Energie des Sonnenlichts nutzen.

War der Kap-Hoorn-Felsen in seiner tatsächlichen Gestalt in der zweiten Hälfte des 19. Jahrhunderts bekannt?

Klaus-Dieter Scheer, Goldenstedt

Die früheste Ansicht des 1616 von Willem Schouten erstmals beschriebenen Kaps stammt wohl von James Cook. Auf seiner ersten Weltumsegelung entstand im Januar 1769 eine Küstenansicht, in der das Kap als steiler Felsen aufragt. Ein genaueres Bild entsteht erst, als mit dem einsetzenden Tourismus ab der Mitte des 19. Jahrhunderts vermehrt wohlhabende Amerikaner und Europäer Kap Hoorn ansteuern. Die Wiener Weltreisende Ida Pfeiffer sichtet kahle, spitze Berge, als sie am 3. Februar 1847 an Bord eines englischen Seglers Kap Hoorn passiert. Zwar enthält ihr 1850 publizierter Bericht über „eine Frauenfahrt um die Welt" keine Illustrationen. Zwei Jahre später wird in London jedoch eine englische, mit farbigen Stichen angereicherte Übersetzung veröffentlicht. Auf deren Titel ist ein Schiff mit dem Kap im Hintergrund abgebildet. 1879 erscheint in London eine Monografie über Pfeiffers Reisen. Sie enthält Stiche mit Landschaften, darunter eine recht naturgetreue Abbildung der Südspitze Südamerikas. Leider fehlen Angaben zu Autor oder Entstehungszeitpunkt. Beide Stiche zählen, gemeinsam mit wenigen anderen, ebenfalls zu Beginn der zweiten Hälfte des 19. Jahrhunderts erschienenen, zu den ersten genaueren Abbildungen des legendären Kaps.

1852 erfährt die Welt von der Form des Kap Hoorn – nach dem Bericht einer Wiener Weltreisenden

Ist die Tote Meerhand die einzige Koralle in der Nordsee?

Ein Besucher des Wissenschaftsfestivals Explore Science, *Mannheim*

Bei der Toten Meerhand *(Alcyonium digitatum)*, die auch als Tote Mannshand bekannt ist, handelt es sich um eine Weichkoralle, die im Atlantik sowie in Nord- und Ostsee vorkommt. Ihren Namen verdankt sie der handförmig verzweigten Gestalt. Die Koralle wird bis zu 15 Zentimeter groß und filtert ihre Nahrung aus dem vorbeiströmenden Wasser. Sie ist jedoch nicht die einzige Koralle in der Nordsee. An den nördlichsten Rändern der Nordsee vor den Küsten Schottlands und Norwegens und im Skagerrak gedeihen beeindruckende Kaltwasserkorallenriffe. Maßgeblich an der Riffbildung beteiligt ist hier die Kaltwasserkorallenart *Lophelia pertusa*. „Sie gehört zu den Steinkorallen und bildet stark verzweigte, buschartige Kolonien. Wo viele solcher Kolonien nebeneinander existieren, bilden sich riffartige Strukturen, die neuen Lebensraum für verschiedene andere Tierarten bieten", erklärt André Freiwald, Leiter des Senckenberg-Instituts am Meer in Wilhelmshaven. Kaltwasserkorallen benötigen festen Untergrund, auf dem sie siedeln. Dabei sind sie nicht wählerisch. „Seit etwa 20 Jahren siedeln Lopheliakolonien sogar an den Beinen von Bohrplattformen in der Nordsee."

Die Tote Meerhand verdankt ihren Namen der Ähnlichkeit mit der Hand einer Wasserleiche

DAS BERÜHRTE

Die Everglades sind das größte subtropische Feuchtgebiet Nordamerikas, ein Teil davon steht als Nationalpark unter Schutz. Doch vom Menschen traktiert und bewahrt zugleich, gerät das fragile Ökosystem immer wieder aus dem Gleichgewicht. Die Leidensgeschichte einer Landschaft

mare
Die Zeitschrift der Meere

Hausnachrichten No. 55
Dezember 2014/Januar 2015

Exklusiv für mare-Abonnenten

Die Filmcrew rückt an. Irlands Skellig Michael in Beschlag der Jedi-Ritter

Und … Action!

Während einer Überfahrt zu den Skelligs im Mai dieses Jahres hörte ich zum ersten Mal davon, dass Teile der neuen „Star Wars"-Episode VII auf Skellig Michael gedreht werden sollen. Die Skellig kenne ich gut, jedes Jahr bin ich bestimmt zehnmal dort, zuletzt im Auftrag von **mare** (No. 104) – und auch das Filmgeschäft ist mir nicht fremd. Ich war während meiner Arbeit als Fotojournalist einige Male auf Filmsets und hatte die aufwendige Beleuchtungstechnik, langwierige Vorbereitungen und endlose Drehtage aus nächster Nähe kennengelernt. Und das sollte auf Skellig Michael gelingen, diesem winzigen Felsen vor Irlands rauer Westküste, in einer der am schwersten zugänglichen mittelalterlichen Klosteranlagen Irlands, nur über 600 Treppenstufen zu erreichen? Bei unbeständigem irischem Wetter? Ich hatte meine Zweifel. Mitte Juli stand ich dann in dem Kloster, als plötzlich ein Hubschrauber des Irish Air Corps auf der Plattform unterhalb der Ruinen landete. Die Piloten gingen kurz darauf ins Kloster, um Landeplätze für Equipment und Materialien zu inspizieren. Es würde also bald losgehen, so viel war klar.

In der letzten Juliwoche herrschte dann im kleinen beschaulichen Fischerdorf Portmagee große Geschäftigkeit. Der Parkplatz für die Bootsfahrten zu den Skelligs war abgesperrt worden, und eine Sicherheitsfirma wachte über den Zugang zum Bootsanleger.

Die Skelligs waren für eine Woche für Touristen geschlossen. Die Boote, die sie normalerweise zu den Inseln zwölf Kilometer vor der Küste schippern, waren nun im Auftrag von Disney unterwegs, um im Morgengrauen Filmcrew und Technik zur Skellig Michael zu bringen. Von der gegenüberliegenden Insel Valentia Island flogen zwei Hubschrauber mehrmals zum Landeplatz unterhalb der Klosteranlage auf Skellig Michael. Vor der Küste kreuzte eine Fregatte der irischen Marine, um über eine auf zwei Seemeilen eingerichtete Sicherheitszone um Skellig Michael zu wachen und den ungestörten Fortgang der Dreharbeiten zu garantieren.

In Portmagee hatten sich inzwischen auch Journalisten, Fotografen und natürlich auch ein paar „Star Wars"-Fans eingefunden, um einen Blick auf die Schauspieler zu erhaschen. Die kleine Straße, die durchs Dorf führt, war oft blockiert, und im einzigen Laden war Hochsaison. In der „Bridge Bar" gegenüber dem Bootsanleger traf man sich am Tresen beim Bier – und beim Rätselraten, wie wohl die „Star Wars"-Story auf Skellig Michael aussehen könnte. Im kleinen Café „Skellig Mist" in Portmagee wurden fleißig Sandwiches und Brötchen für die 130 Mitarbeiter der Filmcrew geschmiert. Die B&Bs und Hotels in der Gegend waren ausgebucht.

Aber nicht alle waren glücklich über die Dreharbeiten. In einem Artikel in der „Irish Times" äußerte sich die Kunsthistorikerin und Archäologin Niamh Whitfield erstaunt darüber, dass der Staat die Genehmigung erteilt habe. Auch die Vogelschutzorganisation Birdwatch Ireland kritisierte den Zeitpunkt der Dreharbeiten. Ende Juli ist ausgerechnet der Augenblick, wenn die jungen Papageientaucher, die erst kürzlich auf Skellig Michael geschlüpft waren, ihre ersten Flugversuche unternehmen, um dann bald die Insel bis zum kommenden Frühjahr zu verlassen. Nicht zuletzt die Unesco selbst, die Skellig Michael 1996 zum Weltkulturerbe erklärt hat, wollte nach Zeitungsberichten von der irischen Regierung wissen, ob eine Filmcrew das sei, was die Insel brauche.

Die 600 Stufen zur Klosteranlage auf Skellig Michael werden den Mitarbeitern der Filmcrew und den Schauspielern mit Sicherheit gut in Erinnerung bleiben. Ob sich die Strapazen gelohnt haben, werden „Star Wars"-Fans voraussichtlich erst Dezember 2015 beurteilen können. Auch wenn die Insel und ihre Klosteranlage nur ein paar Minuten im Film auftauchen: Die Handlung ist ein strikt gehütetes Geheimnis. Luke Skywalker jedenfalls kommt

darin vor, so viel scheint gewiss, denn Darsteller Mark Hamill wurde ebenfalls auf die Skellig geflogen. Was sich dort möglicherweise ereignet haben könnte, kann man sich schon auf YouTube anschauen. „Star Wars Episode VII Skellig Michael" ist ein kleiner Versuch einer Filmanimationsfirma namens Bold Puppy. Einer der Macher des Videos stammt zufällig aus Portmagee.
Michael Herrmann,
mare *No. 104, „Stufen zu Gott",*
Seite 86

Out of control

Handelsschifffahrt heißt das Thema, bei dem sich meine Pupillen weiten. Vier Jahre meines Lebens, sozusagen meine seemännischen Wurzeln, habe ich auf Frachtern und Tankern verbracht. Und dort von der Pike auf gelernt, was auf See und an Bord wichtig ist: in kritischen Situationen Ruhe und Übersicht bewahren, improvisieren können; und dass die See letzten Endes stärker ist und man demzufolge ein Schiff nicht „gegen die Wand" fahren darf. Nachdem uns beispielsweise in einem Hammersturm bei den Azoren die Aufbauten eingedrückt worden waren, mussten wir auch mit unserem 8000-Tonner das Tief abwettern. Abwettern, das hieß zu dieser Zeit: Raumschotkurs zu Wind und den Seen mit reduzierter Fahrt voraus, wobei die Seen nicht mehr folgenschwer an Deck stürzten. Später, auf einem anderen Schiff, klebte der Kapitän wegen Unwetters überhaupt nicht am Kurs. Er fuhr sofort einen Bogen. Damals habe ich schon gelernt: mit Gewalt gegen die Elemente geht nichts.

Wenn ich nicht das Segeln für mich entdeckt hätte, wäre ich wahrscheinlich Seemann geblieben. Das Leben und die Arbeit haben mir ungemein gut gefallen: Drähte und armdicke Trossen spleißen, eine Persenning nähen, Luken verschalen, Ladebäume seefest zurren, einen Supertanker in den Hafen steuern und vertäuen. In der Seefahrt habe ich das Werfen einer Leine gelernt und das Nähen eines Seesacks (achtfache Doppelnähte). Die Vielseitigkeit der Aufgaben an Deck begeisterte mich. Ankern war auch so mein Ding – Bremse lösen, und dann begann ganz langsam das Ausrauschen der bauchdicken Kettenglieder. Dieses Unrhythmische war wie ein Musikstück. Nach dem Stillstand zog meistens eine Staubwolke aus Rost vor dem Bug hoch. Übers Mikrofon meldete ich dann zur Brücke drei Schäkel. Ein Schäkel sind zehn Faden. Eine meiner liebsten Tätigkeiten, weil voll autark und „out of control", war das Schweben über dem Schiff beim Streichen der Lademasten mit Rolle und Pinsel. Das bedeutete: im Bootsmannstuhl sitzend hoch über dem Meer mit Farbe und Pinsel hantieren. Das war Anfang der 1960er meine Welt. Als ich das Geld für mein erstes seetüchtiges Segelboot zusammenhatte, fiel mir der Abschied von der Seefahrt sehr, sehr schwer. Ich saß tagelang im Hotel und habe geheult.
Wilfried Erdmann,
„Guten Morgen, liebe Brise",
Seite 64

Seemann Wilfried Erdmann in den 1960er Jahren auf der „Cresta"

Crocodile Koch

Kaum fahren wir auf der Alligator Alley quer durch das sumpfige Land, sehen wir in der flirrenden Luft auch schon die erste Echse auf dem heißen Asphalt liegen. Ach nein, es ist doch nur ein geplatzter Autoreifen. Der nächste Gummistreifen mit grobem Profil bewegt sich dann doch. Ganz in der Nähe des aufgedrehten pinklauten Florida-Lifestyles mit Spielkasinos, Weltraumbahnhof und Disneyland gibt es Oasen, die aus der Zeit gefallen scheinen. Deswegen sind wir hier. Wochenlang durchstreifen wir die Everglades. Sumpfzypressen, Farne, Palmen, Luftwurzeln und Mangroven bilden einen Dschungel in morastigem Wasser. Bärte aus Moos hängen lang von den Ästen herab. Würgefeigen erdrosseln ihre Wirtsbäume. Leben und Tod sind hier eins. Die Feuchtigkeit schmeckt modrig. Das ist eine Anderswelt. Der Legende nach geht hier der Skunk Ape um, der Stinktieraffe, mächtig, behaart und schwer. Aber sanftmütig soll er sein. Wäre da nicht sein furchtbarer Gestank. Dieser Lebensraum ist nicht für Menschen gemacht – aber für den König der Sümpfe: Alligatoren haben die Dinosaurier kommen und gehen sehen. Das Fossil hat die Zeit einfach an sich vorüberziehen lassen. Man sieht es ihm an. Wir fotografieren ein Gesicht, das aussieht wie erkaltete Lava. Doch dann öffnet sich ein Auge, nebenan verschwindet eine Schlange im Unterholz, und der Anhinga ruft, ein Schlangenhalsvogel. Der Himmel verdunkelt sich. Diese Wolken kennen wir. Gleich werden wir in unserem Wohnmobil angespannt vor dem Radio sitzen und Tornadowarnungen hören. Das Licht wird schwach, wir packen die Kameras ein und machen uns auf den Rückweg. Da, hinter dem umgestürzten Baum hat sich doch etwas bewegt. Das war groß, oder? Jetzt riecht es auch wieder faulig.
Heidi und Hans-Jürgen Koch,
„Das berührte Paradies", Seite 12

Hans-Jürgen und Heidi Koch bei der Arbeit in den Everglades

tisch. Denn die Halbinsel ist so etwas wie ein Tresorraum in einer Bank, der nur wenigen Leuten zugänglich ist. Die imaginäre Bank wird von dem Staatskonzern Gazprom betrieben, und nur mit dessen Einladung kommt man überhaupt in die Nähe der Gasfelder. Die Hubschrauber, die in die Region fliegen, werden von Gazprom gestellt, also entscheidet der Gasförderer, wer die begehrten Plätze besetzen darf.

Ich wandte mich an die Gazprom-Zentrale in Moskau ohne allzu große Hoffnungen. Zwar kannte ich einen befreundeten Journalisten, der seit Jahren über Gazprom schrieb und der beim Pressechef des Staatskonzerns dafür bürgte, dass ich ein „seriöser Autor“ sei. Aber ich setzte keine große Hoffnung in sein Wort. Zu meiner Überraschung öffnete mir seine Empfehlung sämtliche Türen.

Der Rand der Welt ist aber nicht nur per Definition Grenzland. Für die russische Staatssicherheit FSB ist die von Polarmeer umspülte Region ein Grenzgebiet, in dem Ausländer nichts zu suchen haben. Ich brauchte einen Passierschein, für den ich einer geheimdienstlichen Überprüfung zustimmen musste. Nun weiß ich: In den Augen der russischen Agenten bin ich sauber. Über deren Großzügigkeit musste ich allerdings staunen: Mein Passierschein, unterzeichnet vom Oberst A. B. Sergejew, gilt bis zum 30. August 2104. Selbst der Staatssicherheit können Zahlendreher unterlaufen.

Andrzej Rybak,
„Gazprom City“,
Seite 12

Noch ein Blick aus Pappe: der Fotograf Alexander Gronsky

Von den Tücken des Zuckerrohrs kann unser Autor ein Trinklied singen

Wie die Zeit Rum geht

Es fehlte nicht viel, und die „Kombüse“ in diesem Heft hätte sich um den berühmten Guadelouper Rum gedreht, den *rhum agricole.* Er wird aus frischem Rohrzuckersaft hergestellt, nicht aus Melasse, das macht ihn so besonders. Es heißt, wer *rhum agricole* nicht gekostet hat, war gar nicht auf Guadeloupe. Die Verkostung sollte der Höhepunkt der Reise werden. Alles war klar, der Termin in der Destillerie stand, ich war auch pünktlich da. Dann aber ließ der Chef auf sich warten. Und es gab da diesen Verkaufsraum. Mit Proben. Gratis.

Wie gesagt, es fehlte nicht viel zu einer Kombüse über den Rum der Insel. Genau genommen sind es drei Stunden, die mir fehlen.

Maik Brandenburg,
„Das tollste Huhn von Guadeloupe“,
Seite 48

Fish to bring

Der Kellner eines kleinen Restaurants in New Yorks Chinatown ist mir im Lauf der Jahre ans Herz gewachsen. Er heißt Harry, stammt aus Hongkong, und ab elf trinkt er aus einem Pappbecher einen seltsamen Cocktail, der sich halb aus Guinness, halb aus Heineken und einer Menge Eiswürfel zusammensetzt. Im Fenster des Restaurants hängen geräucherte Enten und ein halbes Schwein, und das Namensschild über der Eingangstür ist auf Chinesisch, weswegen ich keine Ahnung habe, wie das Restaurant heißt.

Ich nenne es immer „Harry's“. Oft gehe ich zum Mittagessen hin. Jahrelang habe ich Ente gegessen. Eines Tages sah ich zwei Männer ins Restaurant kommen, von denen einer eine Plastiktüte hielt, aus der eine Schwanzflosse ragte. Vielleicht ein kleiner Blaubarsch, dachte ich. Harry sah in die Tüte. Als er etwas sagte, erntete er von den Männern erst ein Kopfschütteln, dann ein Nicken. Mit der Tüte verschwand Harry in der Küche. Kurz darauf servierte er den beiden den zubereiteten Fisch. Später winkte ich Harry zu mir.

„Kann hier jeder seinen eigenen Fisch mitbringen?“, fragte ich.

„Jeder. Aber keinen Hai.“

„Wie kocht ihr ihn?“

„Gedünstet oder gebraten.“

Am nächsten Tag machte ich auf dem Weg zu „Harry's“ in dem Fischgeschäft um die Ecke Halt und kaufte ein Kabeljaufilet.

„Gedünstet“, sagte ich zu Harry.

Er nickte und verschwand.

Der Kabeljau kam garniert mit Frühlingszwiebeln, Knoblauch und etwas Zitronengras zurück. Er war nicht schlecht. Als ich zahlte, verlangte Harry fünf Dollar für die Zubereitung.

„Das nächste Mal kauf Tilapia“, sagte er dann.

„Tilapia?“

„Billiger. Genauso gut. Vielleicht besser.“

Harry hatte zwar schon eine Bierfahne, aber er hatte recht.

Michael Saur,
„Ein Traum von Fisch“,
Seite 52

Autor Michael Saur in seinem New Yorker Stammlokal „Harry's“

mare

Die Zeitschrift der Meere

Hausnachrichten No. 54
Oktober/November 2014

Exklusiv für mare-Abonnenten

Anni Both und ihr „Kind" Kapitän Bernd Diedrichsen

Ein Bund fürs Leben

Ich fahre mit Anni Both hinaus ans Meer, an den Fähranleger von Schlüttsiel in Nordfriesland, um Bilder von ihr zu machen. Sie ist auf Hooge geboren und hat dort 27 Jahre als Hebamme gearbeitet, von 1957 bis 1984, dann ist sie aufs Festland gezogen. Während ich die ersten Porträtaufnahmen von ihr mache, legt die Fähre „Hauke Haien" an, die die Hallig Hooge mit dem Festland verbindet. Als uns Kapitän Bernd Diedrichsen von der Brücke aus sieht, ruft er gleich: „Hallo, Tante Anni!" Ich frage sie umgehend, ob sie mit dem Kapitän verwandt sei. Ihre Antwort: „Nein, aber ich habe ihn damals auf der Hallig entbunden."

Theodor Barth,
„Die Frau, die Hooge zur Welt brachte", Seite 42

Die Hallig gedenkt

Die 83-jährige Anni Both kannte mich nur von einem kurzen Telefongespräch, als wir uns in Tönning trafen. Trotzdem sprach sie offen über so ziemlich alles: Geburt, Liebe, den Tod. Nur über eines mochte Anni Both nicht so recht reden: wie Frauen es auf Hooge mit der Verhütung hielten und ob sie auch dafür zuständig gewesen sei. „Wenn einer ein Kind kriegen soll, dann soll das so sein", sagte sie. „Früher, da hatten die Familien auf Hooge drei, vier, fünf Kinder. Meine Schwiegermutter hat sogar 13 Kinder geboren und zehn aufgezogen." Für ihre Nichte Birgit Petersen, 50, ebenfalls gebürtige Hoogerin und Hebamme in Bredstedt, gehört das Thema Verhütung heute selbstverständlich zu ihrem Job. „Früher wurde darüber einfach nicht gesprochen, weder in der Familie noch in der Schule." Die Pille, die habe man auf dem Festland beim Arzt bekommen und den Eltern davon nichts erzählt, sagt sie. Aber einen Kondomautomaten habe es seit den 1970er-Jahren auf Hooge gegeben, auf dem Herrenklo im „Friesenpesel".

„Kommen Sie, ich zeige Ihnen noch unsere schöne Kirche", sagte Anni Both, als wir mit einem Eis durch Tönning spazierten. Auf die gut 800 Jahre alte Sankt-Laurentius-Kirche war sie stolz: Holzbänke aus dem 18. Jahrhundert, reich verziert mit Schnitzereien, oben ein blaues Deckengemälde, als würde sich der Himmel öffnen.

Hier fand in diesem Jahr auch der Trauergottesdienst am Tag ihrer eigenen Beerdigung statt. Sie ist im Sommer 2014 verstorben. Sankt Laurentius war voll, rund 150 Menschen wollten persönlich Abschied nehmen. Neben ihrer Familie, Nachbarn und Bekannten aus Tönning waren auch viele Hooger gekommen. „Fast die ganze Hallig war da. Das war eine richtig schöne Beerdigung", sagt ihre Nichte Birgit Petersen. Eine schöne Beerdigung zu haben, das sei der Generation ihrer Tante wichtig gewesen. „Wie Onkel Hannes früher immer gesagt hat: ‚De heb we fein unner de Eerd broecht.'"

Silvia Tyburski,
„Die Frau, die Hooge zur Welt brachte", Seite 42

Langzeitvisum

Der Name „Jamal" kommt aus der Sprache der sibirischen Ureinwohner, der Nenzen, und heißt übersetzt so viel wie „Rand der Welt". Und wie es sich für echte Peripherie gehört, liegt die von arktischen Gewässern umspülte Halbinsel weit weg von der Zivilisation und ist in jeder Hinsicht schwer erreichbar. Niemand verirrt sich zufällig nach Jamal.

Als die mare-Redaktion anfragte, ob ich eine Reportage über die Erschließung der Gasfelder auf Jamal schreiben könne, war ich zuerst skep-

Mit dem Kopf durch die (Foto-)Wand: Autor Andrzej Rybak

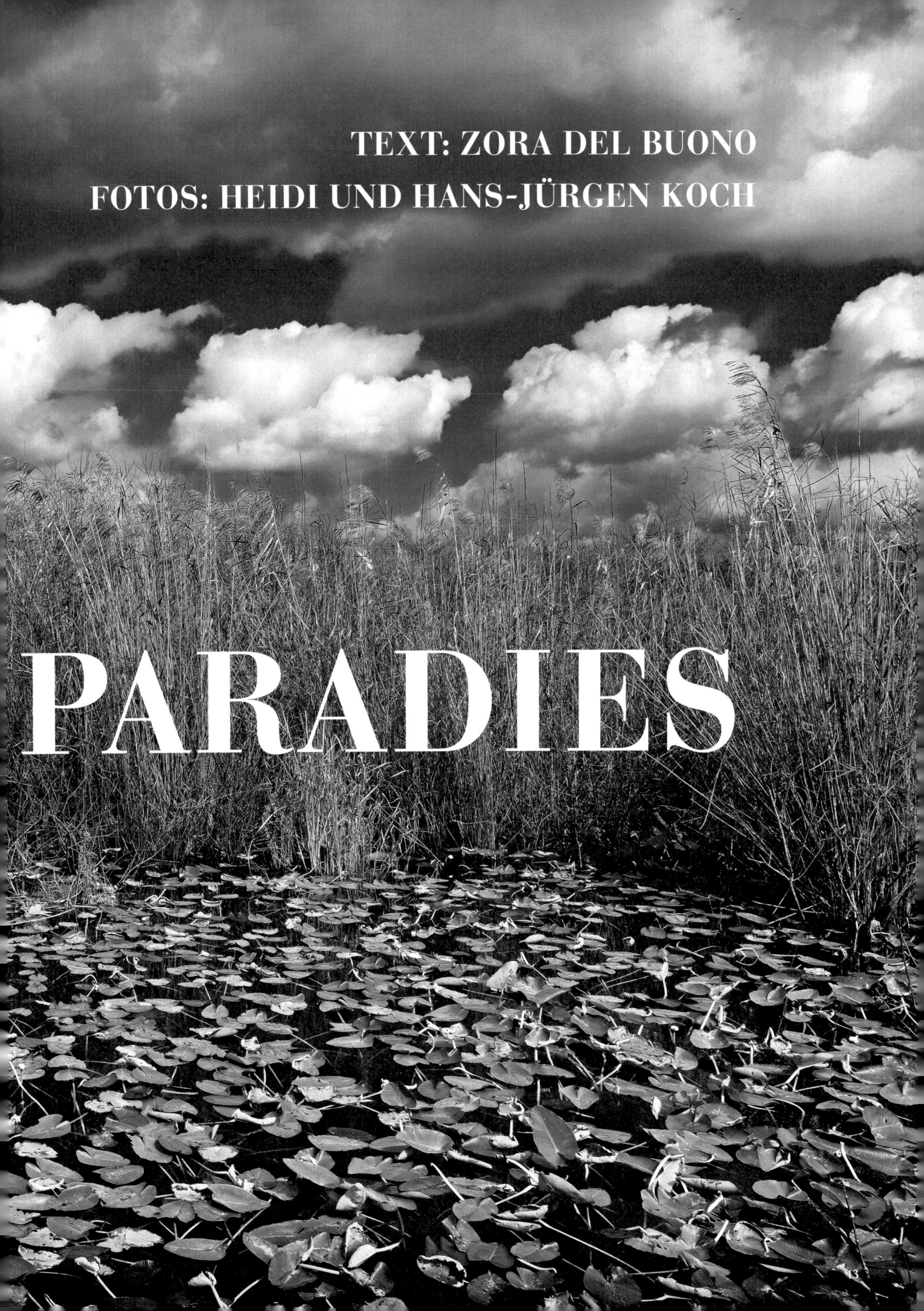

TEXT: ZORA DEL BUONO

FOTOS: HEIDI UND HANS-JÜRGEN KOCH

PARADIES

Vorhergehende Seite **Für das langsam fließende Gewässernetz der Everglades typisch: der Flussarm Taylor Slough, von Seerosen und Sägegras überwuchert.**
Oben **Ein Schlangenhalsvogel trocknet sein Gefieder nach einem Bad**

Ein Naturerlebnis aus Geräuschen

NICHTS MÖCHTE MAN HIER LIEBER TUN, ALS EINE NATURgeschichte zu erzählen. Eine Geschichte ganz ohne Menschen. Vor allem über die Geräusche gäbe es viel zu sagen, über das Zischen, Zirpen, Quaken und Grunzen, das nicht von Schweinen stammt, über das Singen, Schnattern und Krächzen, das abendliche in erster Linie, über das Sirren der Moskitos, das Surren der Libellen, über das Zähneklappern des Alligators, in dessen Maul der Sonnenbarsch zappelt, über den an hemmungsloses Niesen erinnernden Drohton des Truthahngeiers, über das leise Blubbern des Wassers, wenn eine Schildkröte gemächlich paddelnd die Oberfläche durchschneidet, oder das Platschen, wenn ein Alligator urplötzlich aus dem Moder schießt, über das Rauschen der Gräser im Abendwind und natürlich über den Flügelschlag der Ibisse und Braunpelikane, die über diese Landschaft ziehen, die eigentlich eine Prärie ist und kein Sumpf, eine während der meisten Zeit des Jahres überschwemmte Prärie.

Manchmal könnte man sich einbilden, dass die Natur hier in einem ursprünglichen Zustand sei, denn die menschengemachten Geräusche, die diese Nation sonst so prägen, fehlen: Klimaanlagen und Generatoren, Kühlschränke und Eismaschinen, Polizeisirenen und Trucks, nichts von alledem ist zu hören. Und doch gibt es die Zeichen der Menschen. Was als Erstes auffällt: Wo kommen die schnurgeraden Kanäle her? Und sind das dort am Horizont winterlich unbelaubte Bäume oder weshalb sieht der Wald so leblos aus? Und warum steht auf dem Schild im Wasser „Warning Health Hazard: Do not eat more then one bass per week due to high mercury content“?

Plötzlich dann doch ein schrecklicher Lärm, ein martialisches Knattern: Ein *air boat* durchpflügt das Wasser, angetrieben durch einen zwei Meter hohen Luftpropeller, begleitet von blauem Rauch, der stinkend über das Schilf wabert, Touristen

Linke Seite **Eine Seekuh mit Nachwuchs. Die Tiere überleben nur in warmen, flachen Gewässern.** *Rechts* **Auch bei permanenter Überflutung gedeihen die Zypressen, sie bilden Luftwurzeln zum Atmen**

Zwanzig Jahre fließt das Wasser hin zum Meer

sitzen darin. Nachdem es verschwunden ist, wieder Stille, die Stimmen der Tiere, das Knarzen der eigenen Schuhe auf dem Steg, der durchs Gelände führt.

Es gibt hier ein Problem. Der Filmemacher Sam Tommie, Seminole-Indianer und Bewohner der Big Cypress Indian Reservation, hat es klar benannt: „Alles Schädliche haben *sie* hergebracht." Sie, die Weißen. Und all das Schädliche wird nun von *ihnen* nach und nach entfernt, umgebaut, um den Urzustand der Everglades so weit wie möglich wiederherzustellen. Die Bemühungen der Behörden und Initiativen sind groß; die Gefahren, dass die Rettungsaktionen neue, unbekannte Folgen haben, auch. Ranger Jeff Connor vom Swamp Information Center sieht das nicht so, Sam Tommie hingegen sagt: „Wir werden sehen. Vergiss nicht das Gift."

Am besten erkennt man auf einer Satellitenaufnahme, wie die Everglades aufgebaut sind. Sie beginnen beim Lake Okeechobee, einem See westlich von Palm Beach, und reichen bis an die Südspitze Floridas. Die Everglades sind eigentlich ein sehr breiter, sich sehr langsam fortbewegender Fluss, an manchen Stellen ist er 60 Kilometer breit, auf dem Bild sind Tausende von Rinnen wie feine Adern abgezeichnet. Mit gut einem Meter in der Stunde und einer Tiefe von 20 Zentimetern führt er auf 160 Kilometer Länge sanft im Uhrzeigersinn vom Lake Okeechobee in den Golf von Mexiko, das Wasser braucht also rund 20 Jahre, bis es im Meer angekommen ist. 20 Prozent des einstigen tropischen Marschlands gehören heute zum Everglades National Park, dem drittgrößten Nationalpark der USA nach dem Death Valley und dem Yellowstone National Park, gut 50 Prozent sind trockengelegt worden, besiedelt oder dienen als Landwirtschaftszone, der Rest sind Naturschutzgebiete oder Reservate, so wie das, in dem der Seminole Sam Tommie lebt.

„River of Grass" nannte die „Grande Dame of the Everglades" das Gewässer in einem Buchtitel. Marjory Stoneman Douglas' Leben – es war ein langes Leben, sie starb 1998 im Alter von 108 Jahren – ist direkt an die Everglades geknüpft. An der Biografie der Feministin und Journalistin, die viel für den „Miami Herald" schrieb, lässt sich die Intervention der Menschen in dieser Landschaft ablesen. Als sie 1890 geboren wurde, begannen die ersten Arbeiten zur Trockenlegung der Feuchtgebiete, ab 1905 wurden massiv Kanäle ausgeschachtet, mit dem Ziel, die gesamten Everglades, die als nutzloser, mückenverseuchter Sumpf galten, in Ackerland umzuwandeln, für Zuckerrohr vor allem, ein „Empire of the Everglades" sollte entstehen; es war das größenwahnsinnige Projekt des Gouverneurs von Florida Napoleon Bonaparte Broward. Ein Hurrikan und die Wirtschaftskrise von 1929 setzten der

Lesen Sie bitte weiter auf Seite 20

Große Gebiete wurden trockengelegt

Undurchdringliche Symbiose: Auf den Ästen der Sumpfzypressen siedeln Tillandsien, Bromeliengewächse, die sich mit den Bäumen verschlingen, ohne Parasiten zu sein

Trockenlegung ein vorläufiges Ende, doch Kanäle wurden bald wieder gebaut, 2700 Kilometer, sie veränderten den Wasserhaushalt des Gebiets und mit ihm die Flora und Fauna. In den 1930ern nisteten hier 265 000 Watvögel, heute sind es 18 500.

Im Jahr 1947 veröffentlichte Stoneman Douglas „River of Grass", und der Nationalpark wurde gegründet, im Jahr danach aber bewilligte man ein enormes Hochwasserschutzprojekt, das 1800 Kilometer Deiche und mehr als 1000 Kilometer neue Kanäle vorsah. Den Everglades ging es schlechter denn je. Mit dem Beginn der Trockenlegung war zudem eine weitere Wunderwaffe eingesetzt worden, die Melaleuca, eine Myrtenheide. Dieser aus Australien eingeführte, wegen seiner Exotik geschätzte immergrüne Baum mit der abblätternden weißlichen Borke, ist ein ungeheurer Wasserschlucker. Er funktioniert wie ein Schwamm. Zudem verdrängt er andere Pflanzen und wächst zu riesigen Wäldern heran. Als Stoneman Douglas über 100 Jahre alt war und immer noch Vorträge hielt, begannen die Behörden mit dem Abtöten der Melaleuca, ein Vorgang, der bis heute anhält. Erst werden die Bäume aufgeschnitten, dann wird Gift in den Stamm injiziert. 17 Millionen sind bislang umgebracht worden, man kann die Totwälder gut erkennen, vor allem im Sommer, im Winter mag man sich noch einreden, es seien Birken ohne Laub.

Hier kommt Sam Tommie wieder ins Spiel. „Vergiss nicht das Gift." Die Baumleichen werden nicht abtransportiert, das wäre zu teuer, sie bleiben also erst stehen, dann liegen, mitsamt dem Gift, von dem die Ranger behaupten, es schade weder Gewässern noch Tieren. Doch, wie Tommie sagt: „Wieder etwas, das *sie* gebracht haben, wieder etwas, über dessen Folgen *sie* jammern werden."

Und dann ist da noch der U.S. Highway 41 beziehungsweise sein südliches Ende, der Tamiami Trail. Die Straße durchschneidet die Everglades von Ost nach West. 1928 wurde sie fertiggestellt, damit einher ging der Boom der Holzindustrie, die Abholzung der jahrhundertealten Sumpfzypressen begann, sie wurden zu Gurkenfässern, Särgen und Booten; nur wenige der bis zu 700 Jahre alten Bäume sind stehen geblieben. Der Highway, der wie ein Damm aufgebaut ist, blockierte den „River of Grass", es kam zu Überflutungen im Sommer, der Nitrat- und Phosphatgehalt erhöhte sich wegen der Düngemittel der Farmen massiv, gleichzeitig erreichte kaum die Hälfte des Wassers die Bucht von Florida, deren Salzgehalt durch den Süßwassermangel anstieg. Die ökologische Katastrophe nahm ihren Lauf. Woher die Quecksilberbelastung rührt, die heute Anglern den Fischverzehr verleidet, ist nicht abschließend geklärt. Stoneman Douglas war eine der Kämpferinnen für die Durchlässigkeit des Highways, genauso wie alle involvierten Wissenschaftler. Und so wur-

Die toten Wälder sieht man im Sommer

Links **Die Tigerpython besiedelt die Everglades seit etwa 30 Jahren und ist eine existenzielle Bedrohung für andere Säugetiere geworden.** *Rechte Seite* **Ein Fischadler auf einem abgestorbenen Melaleuca-Baum**

den in den letzten 25 Jahren für Milliarden Dollar neue Kanäle gebaut, Dränagen, Pumpstationen, Durchflüsse und Brücken, die die Straße über den Fluss erheben.

Tiere und Pflanzen sind die Wechsel von Nässe und Trockenheit gewohnt, einige brauchen sie sogar, wie die Alligatoren, bei denen das Weibchen seine bis zu 70 Eier erhöht ausbrütet und die Jungen dann ins seichte Wasser trägt, wo es ein Jahr lang mit ihnen lebt. Aus dem Nest entsteht Torf, der für die Schildkröten überlebenswichtig ist, und die von Alligatoren gegrabenen Löcher sind Wasserreservoirs im trockenen Winter. Durch künstliche Wasserregulation ist das Gleichgewicht gestört, Kleinorganismen wie Würmer, Schnecken und Krebse leiden darunter und verschwinden immer mehr, wichtige Glieder der Nahrungskette.

Der Großraum Miami ist ein Wasserverschlinger, Süßwasser wird in exorbitanten Mengen verbraucht, gerade während der Wintermonate, wenn zwölf Millionen Menschen der heimatlichen Kälte entfliehen und hier das angenehme Klima genießen. Da immer weniger Süßwasser das Gebiet durchfließt, versalzt die Landschaft weiter. Durch den Klimawandel und den Anstieg des Meeresspiegels wird der Prozess beschleunigt. Das Meer greift ins Land hinein, was gut ist für Mangroven, Garnelen, Krokodile, Manatees und die Pelikane, schlecht aber für die Waldstörche, Alligatoren, Milane und Süßwasserfische.

Drei unterschiedliche Habitate gibt es in den Everglades: Salzwasser, Süßwasser und die Hammocks, bis zu 90 Zentimeter erhöhte Landstücke, auf denen Bäume wachsen und wilder Kaffee gedeiht. Auf diesen Inseln lebt auch der legendäre Florida-Panther, ein bis zu 70 Kilogramm schwerer Puma. 160 Tiere sollen es noch sein, fünf Prozent der früheren Population.

Lesen Sie bitte weiter auf Seite 26

Das Meer greift ins Land hinein

Der Alligator ist ein Wahrzeichen des Staates Florida und braucht Süßwasser als Lebensraum. Er verbringt den größten Teil des Tages ruhend. Sein Stoffwechsel ist reduzierter als bei den artverwandten Krokodilen

Endloser Kampf von Mensch und Natur

Die wilde Szenerie mit Schlangenhalsvogel, Silberreiher und Alligator täuscht. In unmittelbarer Nähe rauscht der Verkehr über den Tamiami Trail von Tampa nach Miami

Die Hammocks wiederum haben ein eigenes Problem: Sie sind weniger feuerresistent als der Sumpf; wenn ein Torffeuer auf ihnen gewütet hat, brauchen sie Jahrzehnte, um sich zu erholen. Es ist daher lebenswichtig für sie, dass die Umgebung genug Wasser führt. Feuer spielt seit je eine Rolle in den „Glades", es gibt Pflanzen, deren Samen Feuer ausgesetzt sein müssen, um keimen zu können. Durch Blitze ausgelöste Feuer in den Prärien sind wichtig, damit das Wasser besser durch das Grasland fließen kann. Heute werfen Hubschrauberpiloten gezielt Brandkapseln ab, damit die Mangroven nicht zu sehr ins Süßwasserterritorium hineinwachsen oder um eingeschleppte Pflanzen zu eliminieren. Kürzlich hat man 40 Quadratkilometer verbrannt, mitsamt allen Lebewesen, die nicht fliehen konnten. Das Ziel: des eingeschleppten Kletterfarns *Lygodium microphyllum* Herr zu werden.

Sam Tommie würde vermutlich einen Wutanfall bekommen, denn er weiß, dass leeres Land vor allem einem nützt: der Melaleuca, deren Samen auf der verbrannten Erde wunderbar keimen können, was auch Ranger Connor zugibt. Es ist ein endloser Kampf zwischen Mensch und Natur, der im Moment dazu führt, dass Zehntausende hungriger Rüsselkäfer ausgesetzt werden, die sich auf die Samen der Melaleuca stürzen sollen. Es stellt sich die Frage, welchen noch nicht bedachten Ärger man sich mit den Rüsselkäfern einhandeln wird.

Was Stoneman Douglas nicht mehr miterlebt hat, ist die Invasion der aus Asien stammenden Tigerpythons. Erst wurden einige Exemplare von terrarienmüden Exotenbesitzern in den Sümpfen ausgesetzt, 1992 zerstörte Hurrikan „Andrew" mehrere Zoohandlungen und eine Pythonzucht, aus der die Tiere entwischten. Seit 2000 ist ihre Population enorm angestiegen. Die bis zu sieben Meter langen Würgeschlangen vermehren sich prächtig, von 10 000 Tieren ist mittlerweile die Rede. Sie sind hungrig, es heißt, 90 Prozent der Waschbären seien ihnen zum Opfer gefallen, ebenso Opossums und Rotluchse, von den Kaninchen ganz zu schweigen. Die Parkwächter machen Jagd auf sie, allerdings ohne durchgreifendem Erfolg, das Gelände ist schwer zu begehen. Das Töten der Schlangen erfolgt auf archaische Weise, der Jäger packt die Python am Schwanz und schüttelt sie so lange, bis sie erschöpft ist, danach erschießt er sie oder schlägt ihr mit einer Machete den Kopf ab.

All dieses Wissen trägt nicht eben zum unbeschwerten Naturgenuss bei. Doch wenn man an die Sache herangeht wie Marjory Stoneman Douglas, die Schönheit dieses Landstrichs zu allen Tageszeiten auf sich wirken lässt und die Redensart verinnerlicht, dass man nur schützen kann, was man liebt und kennt, wenn man über die Schlangenhalsvögel staunt, die mit weit geöffneten Flügeln auf Bäumen ruhen, um das Gefieder zu trocknen, wenn man den Pelikanen zuschaut, wie sie pfeilschnell ins Meer stürzen, die mächtigen Weißkopfseeadler in ihrem Horst entdeckt und die maulenden Küken hört, wenn man eine Manateemutter mit ihrem Jungen durchs Wasser ziehen sieht, beide gutgelaunt sich um sich selbst drehend, wenn man den bellenden Ruf des Streifenkauzes hört, oder einfach nicht herausfinden kann, welchem Tier dieses seltsame nächtliche Grunzen zuzuordnen ist, wenn man sieht, mit welcher Leidenschaft die Nationalparkwächter den Besuchern die Einmaligkeit dieser Landschaft beizubringen versuchen, und wenn einen durch das Schilf hindurch plötzlich ein Alligatorauge anblinzelt, dann wird man zu einem Teil des Ganzen und möchte immer tiefer hinein in diese geheimnisvolle Mischwelt, die nicht Land und nicht Wasser ist.

Als die große Dame der Everglades starb, hieß es im Nachruf des Londoner „The Independent": „In der Geschichte der amerikanischen Umweltbewegung gab es wenige so bemerkenswerte Figuren wie Marjory Stoneman Douglas." Dem möchte man hinzufügen: Es gibt auch wenige so bemerkenswerte Landstriche.

Das an der Ostsee lebende Fotografenpaar Heidi und Hans-Jürgen Koch wurde vielfach für die ihnen eigene fotografische Sichtweise ausgezeichnet. Gerne erlagen sie dem Zauber der Sümpfe und schauten dem Alligator direkt ins Auge. **mare***-Redakteurin Zora del Buono ging Großreptilien lieber aus dem Weg. Sie wollte eigentlich mit dem Kanu die Everglades erkunden, doch sie hatte ihren kleinen Hund Lino dabei. Würden die hungrigen Krokodile ihn riechen, so hieß es, würden sie sofort zu ihnen ins Boot springen.*

Die gesamte Fläche der Everglades (deutsch etwa: „Immer licht") erstreckt sich heute nur noch auf etwa 5000 Quadratkilometern, weniger als die Hälfte ihrer ursprünglichen Größe. Der nördliche Teil des subtropischen Marschlands, dessen Wassereinzugsgebiet bei Orlando beginnt, wird landwirtschaftlich und zur Wassergewinnung für die umliegenden Großstädte genutzt. Der Nationalpark im Süden ist seit 1979 als Weltnaturerbe der Unesco ausgewiesen und steht seit vier Jahren auf der Roten Liste gefährdeten Welterbes. Etwa 1030 Pflanzenarten, 350 verschiedene Vogel-, 430 Süß- und Salzwasserfisch-, 70 Säugetier- und 35 Reptilarten leben in dem Ökosystem. Viele davon sind bedroht. Im Jahr 2000 wurde von der US-Regierung der „Comprehensive Everglades Restoration Plan" verabschiedet, das größte und teuerste Renaturierungsprojekt der US-amerikanischen Geschichte.

MEHR ZEIT
fürs Wesentliche!
emotion
02/2014
slow.
MEHR ZEIT FÜRS WESENTLICHE
JETZT NEU
Glück, hier und jetzt
KURZ MAL RAUS Kleine Fluchten mit großer Wirkung
GRÜNER LUXUS Eco-Couture von morgen
ARBEIT NEU DENKEN Die Mompreneurs zeigen, wie's geht
WOHNEN MIT MEHR NACHHALTIGKEIT + DIGITAL DETOX + BITTE EIN CRAFT BEER!
Jetzt gleich Ihr Exemplar
versandkostenfrei für nur 6,90 Euro
bestellen unter
www.emotion-slow.de
JETZT NEU
aus dem
EMOTION Verlag
Foto: Guenther Schwering

Spaziergang am Meer

Fundstücke aus Kunst und Literatur

Es ist eine universelle Erfahrung – das Wandern am Meer befreit den Geist und befeuert die Gefühle. Nach einem Zwist mit seinen Eltern war Vincent van Gogh (1853–1890) nach Den Haag gezogen. Er hatte sich, 27-jährig, ganz der Kunst verschrieben und verbrachte erstmals den Großteil seiner Zeit mit Malen. Der Strand in Scheveningen diente ihm damals mehrfach als Motiv, doch vor einer unglücklichen Liebe fliehend, trieb es ihn schon nach einem Jahr wieder von der Küste fort. Gustave Flaubert (1821–1880) hat sein ganzes junges Sehnen in einer ersten Erzählung verewigt. „November" erzählt vom erwachenden Verlangen eines Heranwachsenden, das unerfüllt bleiben muss. Die Schilderung eines Strandspaziergangs deutet auf die adoleszente emotionale Aufgewühltheit. Der dänische Dichter Poul Borum (1934–1996) brauchte nicht viele Zeichen, um eine Liebesgeschichte zu erzählen. Vielleicht weil er als langjähriger Literaturkritiker nur zu gut wusste, dass manchmal jedes Wort eines zu viel ist. *mw*

Poul Borum

Worte, Strand

Gleich
(„gleich" ist der Schrei verschlafener Möwen)

gleich
läuft die Sonne
über den Sand
(„Sand" ist das Wort verzögerter Wellen)

Und
mit
langen
Schatten
gehen
zwei
über
den
Sand
gemeinsam
Hand in Hand
(„Schatten" ist das Wort einander vertrauter Menschen)

Gemeinsam Hand in Hand
(„gemeinsam" ist das Wort
des Sandes)

Gustave Flaubert

aus: November

Ich bin zum Meer hinuntergelaufen durch Geröll, das ich sicheren Fußes übersprang; ich hob den Kopf mit einem Hochgefühl, ich atmete stolz die frische Brise ein, die meine verschwitzten Haare trocknete; der Geist Gottes erfüllte mich, ich fühlte mein Herz weit, ich verehrte etwas in einer merkwürdigen Regung, ich hätte im Licht der Sonne aufgehen und mich in dieser azurenen Unermesslichkeit verlieren mögen mit diesem Duft, der von der Oberfläche der Wellen aufstieg, und ich wurde da von einer unsinnigen Freude gepackt, und ich fing an zu laufen, als wenn das ganze Glück des Himmels in meine Seele eingegangen wäre. Da die Steilküste an diesem Ort vorragte, verschwand das ganze Ufer, und ich sah nichts anderes als das Meer; die Wogen stiegen über den Kies bis zu meinen Füßen, sie schäumten über die Felsen, die aus dem Wasser ragten, sie schlugen rhythmisch an sie heran, sie umschlangen sie wie flüssige Arme und durchsichtige Tücher und fielen, von einer blauen Farbe durchleuchtet, zurück; der Wind blies den Schaum um mich herum und kräuselte die Pfützen, die in den Hohlräumen der Steine zurückgeblieben waren, das Seegras weinte und schwankte, noch zitternd von der Bewegung der Welle, die es verlassen hatte; von Zeit zu Zeit kam eine Möwe mit großen Flügelschlägen vorbei und stieg bis zur Höhe der Steilküste empor. Je weiter sich das Meer zurückzog und sein Geräusch sich entfernte wie ein ersterbender Refrain, desto mehr kam das Ufer auf mich zu und ließ auf dem Sand die Furchen unbedeckt, die die Wellen gezogen hatten.

Vincent van Gogh
„Spaziergänger am Strand (Strand in Scheveningen)“, 1882,
Aquarell und Kohle auf Papier, 34 mal 51 Zentimeter,
Museum of Art, Baltimore, USA

Über die Unfreiheit

Von wegen grenzenlose Freiheit – seit Beginn der Neuzeit dienen Schiffe den Herrschern als schwimmende Strafvollzugsanstalten

Von Wolfgang Köberer

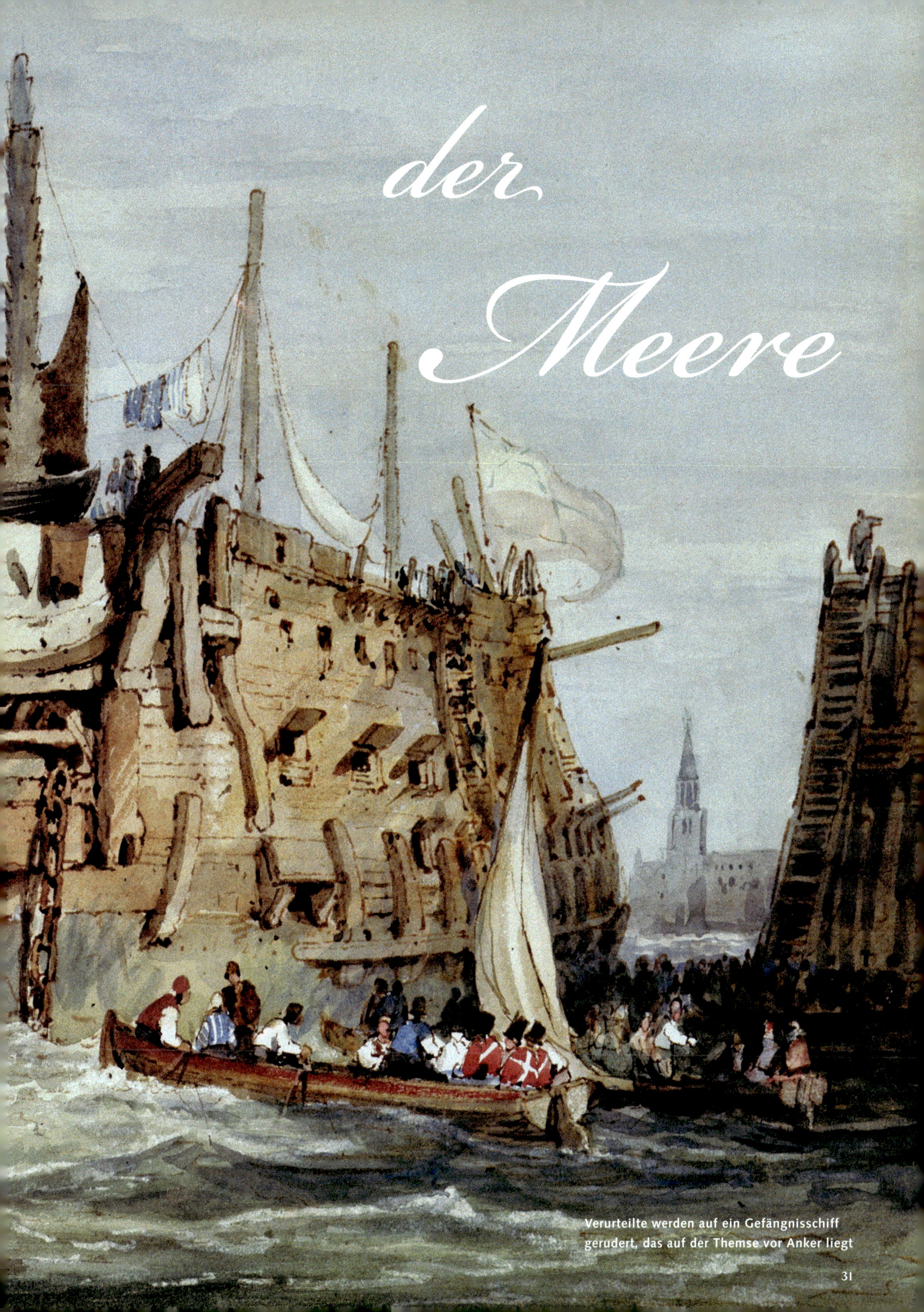

der Meere

Verurteilte werden auf ein Gefängnisschiff gerudert, das auf der Themse vor Anker liegt

DIE LADY WAR NICHT ERFREUT VON DEM, WAS SIE sah. Die Unterbringung war unzumutbar. Es gab zu wenig Luft und Bewegung. Sie hielt es einfach für einen „teuren Container". Ihre Entscheidung war eindeutig: Diese Zustände mussten ein Ende haben.

Die Lady hieß Anne Owers, sie war die Oberaufseherin über die britischen Gefängnisse der Regierung Blair im Jahr 2004, und das Objekt ihres Missmuts hieß HMP „Weare", das letzte Gefängnisschiff Ihrer Königlichen Majestät Elizabeth II. Erst 1997 angeschafft, wurde es 2005 schon wieder außer Dienst gestellt und verkauft – zum Leidwesen der lokalen Geschäftswelt, da es sich als Touristenattraktion herausgestellt hatte. So endete vorerst im Vereinigten Königreich eine jahrhundertealte, aber wenig ruhmreiche nautische Tradition.

Dass Schiffe und Gefängnisse eine solch enge Verbindung eingehen könnten, kommt uns in der heutigen Zeit kurios vor. Man assoziiert mit Seefahrt eher das Gegenteil, nämlich Freiheit und Ungebundenheit. Aber diese landläufige Vorstellung entsprach nicht immer der Realität.

Samuel Johnson, ein englischer Schriftsteller des 18. Jahrhunderts, hat das Verhältnis zwischen Seefahrt und Gefängnis auf den Punkt gebracht: „Niemand wird Seemann, wenn er geschickt genug ist, dafür zu sorgen, dass er ins Gefängnis kommt. Denn auf einem Schiff ist man wie im Gefängnis, nur dass auch die Chance besteht, dass man ertrinkt. Ein Mann im Gefängnis hat mehr Platz, besseres Essen und meist auch bessere Gesellschaft."

Oben
Ursprünglich ein Notbehelf, wurden die Gefängnisschiffe eine dauerhafte Einrichtung an der Themse. Dutzende solcher *hulks* säumten die Ufer. Hier ein Schiff aus dem Jahr 1810

Rechte Seite
Die HMS „Jersey" wurde von den Briten während des Amerikanischen Bürgerkriegs zur Haftanstalt umgebaut. Tausende harrten unter Deck, acht von ihnen starben täglich

Allerdings herrschten in den Anfängen der europäischen Hochseeschifffahrt im zwölften und 13. Jahrhundert an Bord noch Verhältnisse ohne Zwang. Erst im Lauf der folgenden Jahrhunderte wurden die Rechte der Seeleute immer weiter eingeschränkt, bis schließlich der Kapitän als „Master next to God" über seine Besatzung das von Samuel Johnson umschriebene „besondere Gewaltverhältnis" ausüben konnte. Den Weg dahin bahnte die zunehmende Militarisierung der Seefahrt. Bis ins 16. Jahrhundert gab es im nördlichen Europa weder spezielle Kriegsschiffe noch ständige Kriegsflotten; bei Bedarf charterte ein Herrscher eine Anzahl Handelsschiffe und rüstete sie für den militärischen Einsatz um. Erst zu Beginn der Neuzeit entstanden Kriegsflotten, auf deren Schiffen die militärische Disziplin auch das Verhältnis von Schiffsführung und Besatzung durchdrang und sich schließlich auch auf die zivile Schifffahrt ausbreitete.

Neben den gefängnisähnlichen Lebensbedingungen der Seeleute früherer Jahrhunderte – gleich ob sie von einer *pressgang*, wie die Schlägertrupps zum Einfangen von Matrosen in Kriegszeiten hießen, an Bord von Kriegsschiffen gebracht oder sich freiwillig an Bord begeben hatten – gab es aber eine noch dunklere Seite der Seefahrt: Jahrhundertelang wurden Schiffe nämlich auch als Gefängnis und für Strafsysteme genutzt.

Galeerenstrafe

Ist die Rede von „Strafe" und „Schiffen", fallen uns zuerst die Stichworte „Galeerensklave" und „Galeerenstrafe" ein, die es in den Mittelmeerländern seit den Griechen und Römern gegeben haben soll, wie im Film „Ben Hur" zu sehen ist. Dabei war die Galeerenstrafe keine Spezialität der Mittelmeerländer, und im Altertum gab es sie überhaupt nicht. Sie ist vielmehr ein Produkt der beginnenden Neuzeit. Die Ruderkriegsschiffe der Athener waren nämlich weder mit Verurteilten noch mit Kriegsgefangenen bemannt, sondern mit ärmeren Bürgern des Stadtstaats oder angeworbenen Söldnern. Auch die römischen Biremen und Triremen wurden stets von Freien gerudert.

Das änderte sich erst gegen Ende des 15. Jahrhunderts, als sich die schon von Thomas Morus in seiner „Utopia" verfochtene Idee durchsetzte, dass „Verbrecher" zumindest in diesem Sinn nützliche Mitglieder der Gesellschaft sein könnten, als man ihre Arbeitskraft in den Dienst der Gesellschaft stellen konnte – was profitabler war, als sie umzubringen. So kam es, dass seit dem Ende des 15. Jahrhunderts statt armer, aber freier Untertanen der Mittelmeeranrainer Delinquenten auf den Ruderbänken saßen.

Allerdings blieb die Galeerenstrafe keineswegs auf die Mittelmeerländer beschränkt. Bereits 1554 erließ Karl V. in Brüssel ein die Galeerenstrafe betreffendes Edikt. Sein Nachfolger Philipp II. benachrichtigte dann im Jahr 1561 die Statthalterin der Niederlande, er beabsichtige, eine Reihe von Galeeren auszurüsten, und fragte, ob sich in den niederländischen Provinzen zum Ruderdienst geeignete Übeltäter finden ließen. Die Statthalterin sah darin eine willkommene Gelegenheit, ihre Provinzen von „Gesindel" zu säubern, und wies ihre Behörden an, „schleunigst die Strolche in ihren Schlupfwinkeln aufzugreifen und zu gerichtlichem Gewahrsam zu bringen", um sie „zur Verschickung auf die Galeeren zu verurteilen".

Zugleich ermächtigte sie die Gerichte, bereits ausgesprochene Todesstrafen (Ertränken, Enthaupten, Vierteilen etc.) in Galeerenstrafen für die Dauer von sechs bis zehn Jahren umzuwandeln. Dass dies für den Delinquenten meist nur einen Aufschub bedeutete, lässt sich der Marseiller Galeerenmatrikel entnehmen. Dort ist zu lesen, dass im Zeitraum zwischen 1685 und 1708 rund die Hälfte der Sträflinge auf den Galeeren oder im Arsenal starben.

Sträflingsdeportationen

Auch in England verfiel man auf die Idee, Straftäter und andere unerwünschte Personen als Arbeitskräfte einzusetzen und gleichzeitig aus dem Land zu entfernen. Dort gab es zwar keine Galeeren, dafür aber seit dem Ende des 16. Jahrhunderts Kolonien in Übersee, deren Siedler einen ständigen Bedarf an billigen Arbeitskräften für ihre Plantagen hatten.

Schon Elizabeth I. erließ daher 1597 ein „Gesetz zur Bestrafung von Landstreichern, Vagabunden und kräftigen Bettlern", das die Deportation in die Kolonien als zweitschwerste Strafe nach der Todesstrafe vorsah. Von dieser Möglichkeit machten die englischen Gerichte in den folgenden Jahrhunderten sowohl bei gewöhnlichen Straftätern wie auch bei politischen Unruhestiftern und religiösen Abweichlern Gebrauch. Der Arbeitskräftebedarf der amerikanischen Kolonien konnte allerdings durch die Deportationen, für die sogar eine eigene Regierungsbehörde, das „Transport Office", eingerichtet worden war, nicht vollständig gedeckt werden. Bald mussten aus Afrika Sklaven für die englischen Kolonien herangeschafft werden. Wie viele Menschen aus England deportiert wurden und wie viele von ihnen schon bei der Überfahrt starben, lässt sich heute kaum mehr genau ermitteln. Es müssen zigtausend allein im 18. Jahrhundert gewesen sein, wie der Rechtshistoriker Hans von Hentig englischen Quellen entnommen hat.

Gefängnisse vor Anker

In der zweiten Hälfte des 18. Jahrhunderts stießen die Deportationen in den amerikanischen Kolonien Englands – im Gegensatz etwa zum Import von Sklaven – zunehmend auf Widerstand; 1770 etwa nahm Maryland als einzige amerikanische Kolonie

Es ist profitabler, einen Verbrecher als Arbeitskraft in den Dienst der Gesellschaft zu stellen, als ihn umzubringen

noch Deportierte aus dem Mutterland an. Schließlich kam die Zwangsverschickung durch den Amerikanischen Unabhängigkeitskrieg vollständig zum Erliegen. Staat und Justiz in England hielten dies allerdings nur für einen vorübergehenden Zustand. Bis man den Aufstand in den Kolonien niedergeschlagen hatte, bot sich eine „Interimslösung" an, wie es das 1776 erlassene Gesetz nennt. Für die Dauer eines Jahres würden die Deportierten

Zwangsarbeit zur Verbesserung der Schifffahrt auf der Themse verrichten und dort „abgestellt" werden. Allerdings wurden die stationären Gefangenenschiffe bald zur Dauereinrichtung, die tatsächlich erst 1857 ein Ende fand.

Die Aufsicht über diese Gefangenen und der Vollzug ihrer Strafe wurden einem Privatmann, einem gewissen Duncan Campbell, übertragen, der schon Erfahrungen als „Deportationsunternehmer" in dem früheren „Transportsystem" gesammelt hatte. Er kaufte zwei alte Schiffe, von denen eines passenderweise „Justitia" hieß, legte sie in der Themse bei Woolwich vor Anker und brachte darauf die ersten 300 Gefangenen unter.

Auf die Lebensbedingungen an Bord der Gefangenenschiffe wurde, da man sie für ein Provisorium hielt, wenig Überlegung verschwendet, mit der Folge, dass schon nach kurzer Zeit Epidemien die Zahl der Gefangenen um mehr als ein Drittel dezimierte. Darüber hinaus waren die Arbeitseinsätze zur Verbesserung der Schifffahrt auf der Themse so schlecht geplant, dass die Gefangenen, statt Zwangsarbeit zu leisten, häufig „niedergeschlagen herumsaßen, ... ihren Gefährten von früheren Missetaten erzählten ... und Meutereien und Ausbrüche planten".

Da die Gerichte weiterhin Angeklagte zur Deportation verurteilten, schwoll die Zahl der auf Schiffen befindlichen Gefangenen in den Jahren 1779 bis 1783 von 526 auf 1937 an, und es wurden weitere alte Kriegsschiffe, auch in anderen Häfen wie Portsmouth und Plymouth, als Gefängnisse in Dienst gestellt. Eine Besserung brachte erst die Aufnahme der Deportationen nach Australien im Jahr 1787. Am 13. Mai jenes Jahres segelte der erste Konvoi zur Botany Bay, die James Cook ein Jahrzehnt zuvor erkundet hatte. Obwohl deportiert wurde, gab es weiterhin stationäre Gefängnisschiffe. Das lag nicht nur daran, dass die *hulks*, Schiffsrümpfe, wie sie nun genannt wurden, auch weiterhin zur Verwahrung der Verurteilten in der Zwischenzeit dienten, bis wieder eine Flotte nach Australien segelte. In den Koalitionskriegen gegen das revolutionäre Frankreich von 1792 an fielen so viele feindliche Soldaten und Seeleute in britische Hand, dass – neben Kriegsgefangenenlagern an Land – mehr als 60 *hulks* zu ihrer Verwahrung verwendet wurden. Viele dieser Gefangenen, darunter auch Kinder von neun bis elf Jahren, lebten (weil sie zu Anfang der Napoleonischen Kriege gefangen wurden) ein Jahrzehnt lang ohne jede Beschäftigung an Bord der *hulks*, bis sie 1814, nach Napoleons Niederlage, zurück in ihre Heimat durften.

Die holländische Regierung setzte sie ein, New Yorks Justizverwaltung ebenso wie Pinochets Chile und Hitlers Deutschland

Auch andere Staaten brachten Gefangene auf Schiffen unter. So lagen von 1808 bis 1810 zeitweise neun ausgemusterte spanische Kriegsschiffe in der Bucht von Cádiz, auf denen bis zu 25 000 französische Gefangene untergebracht wurden, von denen womöglich nur ein Drittel überlebte. Und nachdem napoleonische Soldaten 1798 das venezianische Staatsschiff „Bucintoro" seiner Goldzier beraubt, in die Lagune geschleppt und angezündet hatten, wurde der Rumpf noch bis 1824 als schwimmendes Gefängnis mit dem Namen „Hydra" verwendet.

Schließlich hielten die Dänen während des Deutsch-Dänischen Krieges von 1848 bis 1850 rund 1000 deutsche Soldaten und Freischärler an Bord der ausgemusterten Schiffe „Dronning

Marie“ und „Waldemar“ in Kopenhagen gefangen. Die Lebensbedingungen dieser Gefangenen waren jedoch weit besser als die ihrer Leidensgenossen früherer Jahrhunderte. Die Gefangenen in Kopenhagen erhielten nämlich, wie man einer Ausgabe der „Leipziger Illustrirten Zeitung“ aus dem Jahr 1848 entnehmen kann, täglich ein warmes Mittagessen, dazu Brot aus „gesichtetem Mehl“ und „acht Schilling bares Geld“, wofür sie sich Kaffee, Tee und Bier kaufen konnten.

Schwimmende Gefängnisse im 20. und 21. Jahrhundert

1902 baute die U.S. Navy den Kohlefrachter „Southery“ zum Gefängnisschiff um, als das er bis 1918 diente. In den Jahren von 1922 bis 1925 brachte die Regierung von Nordirland noch ihre politischen Gegner an Bord der „Argenta“ auf dem Belfast Lough unter. Und nach Pinochets Putsch in Chile im Jahr 1973 wurden politische Gefangene auf das Segelschulschiff „Esmeralda“ verbracht, dort interniert und gefoltert.

Das schrecklichste Schicksal eines Gefangenenschiffs ereignete sich allerdings in Deutschland. Als kurz vor der endgültigen Niederlage des Nationalsozialismus die alliierten Truppen in Richtung Hamburg vordrangen, entschlossen sich der Gauleiter Kaufmann und die höheren SS-Offiziere, das KZ Neuengamme, in dem sich noch mehr als 12 000 Gefangene befanden, zu räumen. Kaufmann, der auch „Reichskommissar für Seeschifffahrt“ war, beschlagnahmte dazu kurzerhand drei Schiffe, die – nachdem sie zuvor Flüchtlinge aus Ostpreußen über die Ostsee transportiert hatten – bei Neustadt in der Lübecker Bucht lagen. Es handelte sich um die kleineren Frachter „Athen“ und „Thielbeck“ sowie das Turbinenschiff „Cap Arcona“, das Flaggschiff der Hamburg-Südamerikanischen Dampfschiffahrtsgesellschaft und berühmt als „Königin des Südatlantiks“. Fast 10 000 Häftlinge wurden in den letzten Apriltagen des Jahres 1945 auf diese Schiffe gebracht. Am Mittag des 3. Mai 1945, kurz vor Unterzeichnung der deutschen Kapitulation und nachdem das unmittelbar benachbarte Lübeck bereits kampflos an britische Truppen übergeben worden war, griff eine britische Kampfflugzeugstaffel die in der Neustädter Bucht liegenden Schiffe an, angeblich, weil man befürchtete, dass sich Nazigrößen und Militär darauf nach Skandinavien in Sicherheit bringen würden. Die „Cap Arcona“ wurde mit Raketen in Brand gesetzt und sank innerhalb kurzer Zeit, genauso wie die „Thielbeck“, dabei kamen etwa 8000 Häftlinge um.

Damit ist die Geschichte der schwimmenden Gefängnisse aber noch nicht beendet: Die Justizverwaltung von New York setzt seit 1992 ein Schiff, das unter dem Namen „Vernon C. Bain Correctional Center“ geführt wird und 161 Millionen Dollar gekostet haben soll, als Teil ihres Gefängniskomplexes auf Rikers Island ein. Und da es sich um ein Schiff handelt, hat es neben den Gefangenenwärtern auch eine seemännische (Minimal-)Besatzung nach den Regeln der U.S. Coast Guard.

Auch das liberale Holland griff vor mehr als einem Jahrzehnt die Idee auf, unerwünschte Personen auf einem schwimmenden Untersatz einzusperren. Da die Unterbringungsmöglichkeiten für illegale Einwanderer erschöpft waren, ließ die Regierung zwei schwimmende Unterkünfte bauen, die im Industriehafen von Zaandam festmachten und auf denen seither Migranten, die kein Asyl erhalten, bis zu ihrer Abschiebung zwangsweise festgehalten werden.

Im Internet werden im Übrigen von einem Broker in Hawaii seit mehr als einem Jahrzehnt zwei Gefängnisschiffe für je 450 Gefangene angeboten, die ursprünglich für 7,5 Millionen Dollar zu haben waren und jetzt für runde sieben.

Die Renaissance der Gefängnisschiffe in England, die zur Anschaffung der HMP „Weare“ geführt hatte, war nur kurz, auch wenn die konservative Regierung jetzt wieder mit diesem Gedanken spielt. In Deutschland dagegen wurde ein solcher Vorschlag schon vor längerer Zeit abgelehnt. Ein Hamburger Schiffsmakler hatte aus der Konkursmasse der Sowjetunion dem schleswig-holsteinischen Justizminister den fast fertiggestellten Flugzeugträger „Varyag“ für sieben bis acht Millionen Mark zum Zweck des Umbaus in ein Gefängnis angeboten. Der Minister gab ihm zur Antwort, zurzeit seien die Vollzugsanstalten des Landes glücklicherweise nicht überfüllt. Wie man weiß, wurde die „Varyag“ daraufhin in die Volksrepublik China verkauft und zum Prunkstück der chinesischen Marine, der „Liaoning“, fertig gebaut, dem ersten Flugzeugträger des Landes.

Wolfgang Köberer, Jahrgang 1949, arbeitet seit 30 jahren als Strafverteidiger in Frankfurt und beschäftigt sich ebenso lange mit der Geschichte der Navigation. Daraus sind einige Arbeiten entstanden, zuletzt eine Bibliografie zur Geschichte der Navigation in deutscher Sprache. Außerdem hat er das älteste in Deutschland gedruckte Handbuch der Navigation aus dem Jahr 1578 entdeckt und in einer Faksimileausgabe herausgegeben.

Linke Seite
Die USS „Southery“, 1889 als Kohletransporter gebaut und später zur Haftanstalt umfunktioniert, am Navy Yard von Portsmouth, New Hampshire

Oben
Die HMP „Weare“, hier in Portland Harbour an der Südküste Englands, ist das bisher letzte in der langen Reihe der britischen Gefängnisschiffe

Immer Dichter am Meer

Romantische Poeten verbindet seit je ein inniges Verhältnis zum Meer. Insbesondere die Dichter des 19. Jahrhunderts steigerten ihre Ästhetik in einen zuweilen erotisch-suizidären Rausch

Von Wolf Reiser

AM 20. JULI 1928 HATTE DER GRIECHISCHE DICHTER Kostas Karyotakis genug. Die Strafversetzung vom lasterhaften Athen nach Preveza an die westgriechische Provinzküste tat ihre Wirkung. Er haderte mit dem tumben Landvolk und seinem frustrierenden Bürogehocke. Der elegische Paria und Opiumesser, dessen luzid-surreale Lyrik – durchaus verwandt mit jener von Rimbaud und Baudelaire – wenige Jahre später Mikis Theodorakis zu seiner ersten Oper „Die Metamorphosen des Dionysos" inspirierte, beschloss an jenem Tag, sich in eine bessere Welt zu vertiefen. Gegen Mitternacht blickte er hinauf zum Diamantenglanz des ionischen Sternenhimmels, bekreuzigte sich – auch Atheisten haben ihre Marotten – und stürzte sich von den Felsen. Stundenlang und lautlos zog sich der Kampf mit den Wellen dahin, bis im Morgengrauen ein Bauer dem Poeten aus dem phosphoreszierenden Meer half.

Karyotakis rappelte sich mehr verärgert als dankbar auf, ging zum Aufwärmen ins Kafenion, verlangte nach Papier und Tinte und aktualisierte den Abschiedsbrief an seine Geliebte. „Ich rate allen, die schwimmen können, nie zu versuchen, sich im Meer das Leben zu nehmen. Letzte Nacht habe ich zehn Stunden lang mit den Wellen gekämpft. Ich habe viel Wasser geschluckt, aber mein Mund gelangte, ich weiß nicht wie, immer wieder an die Oberfläche. Sicher werde ich, wenn mir die Gelegenheit dazu gegeben wird, einmal über die Eindrücke eines Ertrunkenen schreiben."

Dieser Gelegenheit beraubte er sich wie auch der Nachwelt. Zunächst schlug am Nachmittag ein weiterer Suizid aufgrund einer mustergültig gesicherten Pistole fehl. Nach einem Fachgespräch mit einem Waffenkundigen ging der Dichter zurück zum Strand, legte sich unter einen Eukalyptusbaum, flüsterte „Ich erschieße die Zukunft", zielte aufs Herz, traf und starb.

Romantische Dichter und das Meer gehören in der kollektiv-archaischen Schatztruhe zusammen wie Mann und Frau oder der Starnberger See und König Ludwig II. Das „heilige Meer" beschreibt Algernon Charles Swinburne als „ein verlorenes Paradies", ein anderes und besseres Reich, wo es sich wahrhaft besser leben lässt. „Wenn ich einen Schwimmer sehe, dann male ich einen Ertrunkenen", sagt Jacques Prévert in dem Roman „Hafen im Nebel". Einer seiner Kollegen, der zu Lebzeiten hoch verehrte britische Lyriker und bekennende Nichtschwimmer Percy B. Shelley, wagte sich am 8. Juli 1822 am Golf von La Spezia trotz heftigen Regens und Sturmwarnung mit zwei Gefährten auf einem kleinen Segelboot in die tobende See hinaus. Der grandiose Stilist und Egomane, dessen erste Ehefrau sich ertränkt hatte, pflegte zeitlebens eine mortal-erotische Beziehung zum Meer, ruderte als Kind bereits in einem Waschtrog die Themse auf und ab, warf stundenlang Steinscheiben übers Rivierameer oder betrachtete fasziniert, wie seine aus Pfundscheinen gebastelten Papierschiffchen mit dem Dunst des Horizonts verschmolzen. Dazu zitierte er Homers „Ilias" oder Goethes „Faust" oder rief absurde Verse in den Wind. Mehrfach schon hatte ihn Freund Lord Byron aus den Fluten gerettet, nachdem er sich dort wie ein „mit Blei gefüllter Aal" auf Grund sacken ließ. An jenem Abend trug die Jolle trotz haushoher Wellen und tosender Gischt immer noch volle Besegelung. Einen italienischen Kapitän, der sich in bester Rettungsabsicht näherte, schickte Shelley zum Teufel. Sein erklärtes Ziel war es, endlich „das große Rätsel zu lösen". Zehn Meilen vom Land entfernt kenterte das Boot. Noch während er unterging, umklammerten seine Finger eine alte Ausgabe von Sophokles' Dramen.

Als sein Leichnam Tage später am Strand von Viareggio angeschwemmt wurde, hielt Byron den Anblick der „aschgrauen Masse formlosen Fleisches" nicht mehr aus und schwamm urplötzlich ins immer noch unruhige Meer hinaus. Der berühmteste aller Dichterschwimmer wäre an diesem Tag ertrunken, hätte ihn wiederum nicht sein Kumpel Edward John Trelawny verfolgt und mit letzter Kraft an Land zurückgebracht. Das Meer war für Byron die Erlösung von Leere, Schwermut und Ekel. Der hedonistische Rebell aus adligem Haus, vom Schicksal in eine unpassende Zeit getaucht, gemartert von einer trostlosen Ehe und getrieben von maßloser Verschwendungssucht, trug Ovids romantischen Fluch in die Welt: „Ungünstige Winde nicht, nicht zornige Seen vermögen aufzuhalten den, der unter dem Befehl der Liebe steht."

Mehr Delfin denn Edelmann, verbrachte Byron einen Großteil des Lebens damit, diesem erotisch-suizidären Sog zu entkommen. „Ich brüste mich mit dieser Leistung mehr als mit jeder anderen Art von Ruhm, sei er politisch, poetisch oder rhetorisch", meinte er, nachdem er am 3. Mai 1810 die furchterregenden Strömungen des Hellespont durchschwommen hatte. Bei seiner letzten Schiffspassage, von Italien kommend in Richtung Patras, sah er sich von Deck aus nachdenklich jene Klippe auf der Preveza gegenüberliegenden Insel Lefkas an, von der sich um 600 v. Chr. die liebeskranke Dichterin Sappho stürzte, diesen „weit ins Meer ragenden Felsen des Leids".

Zu jener Zeit galt den Griechen das eher weibliche Ins-Wasser-Gehen als probates Mittel gegen unerwiderte Liebe. Die Wirkung dieser Methode hängt indes stark von den Schwimmkünsten ab, eine Erfahrung, von der Berufskollege Karyotakis sein Lied zu singen lernte. Byron seinerseits erlag am 19. April 1824 an dem etwa 100 Kilometer südlicher liegenden Strand von Messolongi dem Sumpffieber.

Dichter mögen etwas nervöser, launischer und sensibler als normale Bürgerleute sein, wenig begabt, sich mit Alltäglichem abzufinden, hochgradig angewidert von der Vergeblichkeit der Existenz, all den Wiederholungen und von einer ganz besonderen Sehnsucht nach Erlösung getrieben.

Sein französischer Seelenverwandter Arthur Rimbaud (1854–1891) machte während seiner wirren euroafrikanischen Odysseen einige Mal auf Zypern Halt. An der Südküste bei Ierapetra Potamos lieh er sich bei einem Fischer ein Boot, um bei bösem Sturm und Gewitter eine nächtliche Fahrt zu unternehmen. Die Todesgefahr sollte ihn mit aller Gewalt seine Seele und sein Herz spüren lassen. In seinem letzten Langgedicht „Das trunkene Schiff" besingt er das Orchester der fahlen Wasserleichen. Weitere Touren wurden von den wachsam gewordenen Bootseignern vereitelt. Frustriert legte sich der mit lebenslangem Hafenverbot versehene Rimbaud im Hochsommer 1880 in den eigens gepachteten Steinbruch bei Larnaca und nahm zur Mittagszeit ausgiebige Sonnenbäder, die ihm aber lediglich die Haut in Pergament verwandelten. Die Inspiration blieb aus, und die Lyrik versackte in larmoyanten Bittbriefen an Schwester Isabelle.

Dichter mögen etwas nervöser, launischer und sensibler als normale Bürgerleute sein, wenig begabt, sich mit Alltäglichem abzufinden, hochgradig angewidert von der Vergeblichkeit der Existenz, all den Wiederholungen und von einer ganz besonderen Sehnsucht nach Erlösung getrieben. Vielleicht hat Gott ihnen aufgetragen, stellvertretend für uns alle das Mysterium aufzuspüren und seine Rätsel zu lösen. Der koreanische Poet Ko Un behauptet: „Das Gedicht als Traum oder als Form der Vorstellungskraft stand lange, bevor es Literatur gab, als Stern am Himmel der Menschheit." Das kann heißen, dass die Dichter als romantische Abenteurer und Entdecker den Dingen mit aller Konsequenz auf den Grund gehen. Sie holen das zurück, was uns vor Ewigkeiten verloren ging. Wo wir Normalsterblichen nach Luft schnappen, tauchen sie unbeirrt weiter.

Graham Greene schwärmte einmal von diesem „seltsamen Gefühl, wie durch Baumwolle zu schwimmen", nachdem er nach Einnahme von 20 Aspirin versuchte, sich in einer nordenglischen Badeanstalt das Leben zu nehmen. Sturztrunken warf sich Jack London von Bord seiner bei San Francisco ankernden Yacht, ließ sich von der zurückgehenden Flut in den Pazifik hinaustreiben, genoss nach einigen Stunden das „köstliche Gefühl" des nahenden Endes, sang fröhliche Totenlieder und wurde schließlich bewusstlos von griechischen Fischern aufgegriffen. Auch Swinburne wurde in letzter Sekunde von Fischern gerettet, nachdem er sich wie wild in einen Mahlstrom warf, meilenweit in Vergils „dunkles und vergessliches Nichts" driftete und während der Rückfahrt wirre Passagen aus Victor Hugos „Die Arbeiter des Meeres" zum Besten gab. Flauberts Sehnsucht, in Wasser verwandelt zu werden, führte ihn des Öfteren in prekäre Situationen, und Paul Valéry überlebte an der Küste von Sète seine Lust, sich in die Tiefe zu schrauben, nur knapp. Er verglich dieses Gefühl mit einem vollendeten Orgasmus. Edgar Allen Poe brachte sich ebenfalls bewusst in Todesnähe, als er im eiskalten James-Fluss zehn Kilometer gegen Strömung und Gezeiten ankämpfte. Puschkins winterlicher Badespaß im eiskalten Dnjepr mündete in ein tagelanges Fieber. Byron-Fan Fürst Pückler-Muskau, angestachelt von einigen doppelten Arrak, liebte es, im Nil zu kraulen, und überlebte das nur, weil seine Diener mit den Rudern auf die Köpfe der hungergeplagten Krokodile eindroschen.

Vergessen wir aber den fabelhaften Dichter Arthur Cravan nicht, den 1887 geborenen Neffen von Oscar Wilde. Der Berufsboxer, Anarchist, Deserteur, Vagabund, Hoteldieb, Orangenpflücker, Holzfäller, Eseltreiber, Dadaist und Publizist fuhr sein fulminantes Werk gern in der Schubkarre durch französische Kuhdörfer und verkaufte seine Gedichte blattweise wie frisch gelegte Eier. Später trat der Berufschaot in den besten Clubs von Paris und New York als Conférencier auf, beschimpfte das honorige Publikum, schoss mit Platzpatronen um sich, riss sich die Kleider vom Leib und lebte die Revolte mit vollem Körpereinsatz. Chronisch pleite, boxte er auch einmal vor ganz großem Publikum gegen einen amtierenden Schwergewichtsweltmeister, um sich vom abgekarteten K.-o.-Honorar ein First-Class-Schiffsticket nach New York zu kaufen. Marcel Duchamp und André Breton feierten ihn als die „inkarnierte Suche nach Prähistorie".

Im November 1918 unternahm Cravan mit einem Kumpel in dem mexikanischen Hafenkaff Puerto Ángel in einem Segelboot eine Probefahrt. Langsam und leicht glitt die Barke über die rauen Wellen des haiverseuchten Pazifikgolfs. Vom Ufer aus winkte ihm seine Frau Loy zu. Bald wurde das Boot vom Grau des Horizonts verschluckt. Es sollte der letzte irdische Akt seines konsequenten Künstlerlebens sein. Cravan sollte nie wieder von einer Menschenseele gesehen werden. Es war der triumphale Abschied vom Kontinent der gestrandeten Existenzen.

Eurokrise, Bodentruppen, NSA, NSU, Experten, wohin man schaut, Talking Heads und Lobbytexter – wenn man wie Wolf Reiser, Jahrgang 1955, Autor in München-Schwabing, viele Jahre an den Küsten des Mittelmeers zu Hause war, dann kennt man diese unbändige Lust, hinein ins blaue Blau zu springen und anders als profane Schnorchler oder Harpunisten einfach nicht wieder aufzutauchen.

Herr der Ziegen

Der Schotte Alexander Selkirk lebte knapp viereinhalb Jahre allein auf einer entlegenen Pazifikinsel. Seine Erlebnisse inspirierten Schriftsteller Daniel Defoe zu der Romanfigur Robinson Crusoe

Von Philipp Jarke

DER ENGLISCHE FREIBEUTER Woodes Rogers hat sich mit zwei Schiffen um Kap Hoorn herum hinter die spanischen Linien geschlichen. In der Nacht zum 2. Februar 1709 laufen sie Juan Fernández an, ein unbewohntes Archipel 360 Meilen westlich von Chile, um Proviant und Wasser aufzunehmen. Plötzlich flackert Licht in der Bucht. Ein feindliches Schiff? Die Engländer ziehen sich zurück, erst bei Tageslicht wollen sie angreifen.

Als die Männer den Strand erreichen, springt ihnen ein bärtiger Wilder entgegen, das Haar verfilzt, am Leib nichts als Ziegenfell. Er ruft Unverständliches, doch er bringt den Freibeutern frisches Wasser und Langusten. Dieser Wilde, so stellt sich heraus, harrt seit vier Jahren und vier Monaten allein auf der Insel aus. Sein Name ist Alexander Selkirk.

Selkirk wurde in Largo, einer kleinen Hafenstadt nördlich von Edinburgh, als siebter Sohn eines strenggläubigen Gerbers geboren. Siebtgeborene gelten einem schottischen Aberglauben zufolge als Glückskinder. Dem jungen Alexander ist Obrigkeit zuwider, er gerät mit seinen Lehrern genauso aneinander wie mit den Pastoren der Kirche, die er, so wird es in den Protokollen des Kirchenrats vermerkt, sogar während des Gottesdiensts provoziert und beleidigt. Als er deshalb vor den Kirchenrat zitiert wird, ist er plötzlich verschwunden.

Selkirk heuert bei der „Company of Scotland Trading to Africa and the Indies“ an. Fünf Schiffe mit 1200 Mann sollen dem bankrotten Schottland eine Kolonie in Darién, im heutigen Panama, sichern. Ausgehungert und von Skorbut geplagt, landet die Mission in Darién. Mitten in der Regenzeit sollen Selkirk und die anderen eine Siedlung in den Schlamm bauen. Sie benötigen zwei Monate, um primitive Hütten zu erreichten und die Gräber für 200 tote Kameraden zu schaufeln. Dann kommen die Spanier. Mit 800 Infanteristen walzen sie das Lager der Schotten nieder. Nur 300 von ihnen, darunter Selkirk, entkommen.

Als einer der wenigen Überlebenden glaubt nun Selkirk, er sei etwas Besonderes. Arrogant und verroht kehrt er nach Largo zurück. Wenige Wochen wohnt er bei den Eltern, als ihm sein geistig zurückgebliebener Bruder Andrew einen Streich spielt. Er gibt ihm einen Becher mit Meerwasser zu trinken. Selkirk spuckt das Wasser hustend auf den Boden, greift zu einem Besenstiel und prügelt auf Andrew ein. Selkirk muss vor der versammelten Kirchengemeinde Reue schwören. Wieder

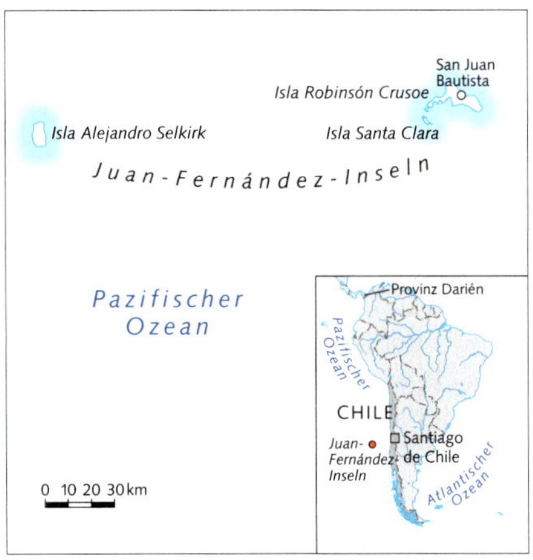

zieht es Selkirk, ein zweites Mal in seinem Stolz verletzt, hinaus auf See.

1703 plant der Entdecker und Freibeuter William Dampier eine Kaperfahrt nach Südamerika. Zwei Schiffe, die „St. George“ und die „Cinque Ports“, auf der Selkirk als Navigator angeheuert hat, laufen am 11. September 1703 aus. Stürme, Hitze und Feuchtigkeit machen die Überfahrt zur Qual. Das Wasser ist faulig, das Brot voller Maden, das Fleisch verdorben. Die Männer leiden unter der Willkür des jähzornigen Säufers Dampier, an Hunger und der Ahnungslosigkeit der Schiffsärzte, die den Skorbut mit Aderlass behandeln.

Vor Brasilien stirbt Selkirks Kapitän Charles Pickering an Tropenfieber. Er galt als fähigster Mann der Expedition und gerecht. Als Dampier seinen Günstling, den erst 21-jährigen Thomas Stradling, zum Kapitän der „Cinque Ports“ ernennt, gerät die Expedition ins Wanken. Zehn Männer desertieren und stehlen sich in einer Pinasse davon. Nur die Hoffnung auf Beute und die Angst vor den Spaniern halten die übrige Crew an Bord.

Die Männer brauchen eine Pause, sauberes Wasser und frische Nahrung. Dampier kennt den perfekten Ort dafür: Juan Fernández vor der Küste Chiles. Der unbewohnte Archipel bietet klare Bäche, Holz, Früchte und sogar verwilderte Ziegen. Vier Wochen werden die Kranken an Land gepflegt, die Schiffe überholt und Proviant an Bord genommen.

Nach einem gescheiterten Überfall auf die Goldminenstadt Santa María in Panama kommt es auch zwischen Stradling und Dampier zum Bruch. Stradling will auf eigene Faust weitersegeln. Die Männer der Schiffe dürfen wählen, mit wem sie fahren. Selkirk entscheidet sich gegen Dampier.

Nach drei Monaten ereignisloser Fahrt läuft die „Cinque Ports“ voll Wasser. Das Schiff kann gerade noch Juan Fernández erreichen, wo es repariert werden soll. Schiffsbohrwürmer haben sich in die Planken gefressen. Die Löcher sind nur notdürftig gestopft, da gibt Stradling den Befehl zum Auslaufen. Selkirk hält das Schiff nicht für seetüchtig und verlangt, auf der Insel zurückgelassen zu werden.

Stradling lässt Selkirks Seekiste an Land bringen, dazu einen Topf, eine Pistole, Schießpulver und Munition, ein Beil, ein Messer, Tabak und Pfeife, eine Bibel und Selkirks Navigationswerkzeug. Dann legt das Ruderboot ab. ➢

DER AUTOR UND SEINE MUSE

Ob das Treffen tatsächlich stattgefunden hat? Alexander Selkirk (rechts) soll dem künftigen Verfasser von „Robinson Crusoe", Daniel Defoe (links), in einer Hafenspelunke begegnet sein und ihm von seinem Leben auf Juan Fernández (Illustration nächste Seite) erzählt haben

Erst jetzt begreift Selkirk, dass er sich verspekuliert hat. Stradling ist tatsächlich entschlossen, seinen fähigsten Navigator auszusetzen. Er stürmt dem Boot hinterher ins Wasser und fleht, er möge ihn wieder an Bord nehmen. Doch Stradling lacht nur und brüllt, Selkirk solle zur Hölle fahren. Die „Cinque Ports" lichtet den Anker und gleitet aufs Meer hinaus. Dann ist Selkirk allein.

Seine Wut weicht Panik, dann Leere. Die Insel, eben noch Rettung, wird sein Gefängnis. Selkirk versinkt in Depressionen, kauert am Ufer, ohne Hoffnung und Antrieb. Erst stechender Hunger und die Angst vor wilden Tieren reißen ihn aus seiner Starre. Aus Felsbrocken baut er sich eine Höhle und verkriecht sich nachts darin. Das Gebrüll der See-Elefanten, die sich zu Hunderten am Strand paaren, mischt sich in seine Träume.

Am Strand kann er nicht bleiben – zu groß ist die Gefahr, von spanischen Schiffen überrascht zu werden. Selkirk steigt hinauf in die Berge und findet eine Lichtung mit einem Bach ganz in der Nähe. Aus Ästen und Zweigen baut er zwei Hütten und deckt sie mit Gras, eine zum Schlafen, eine kleine zum Kochen.

Vor der Küste Perus sinkt währenddessen die „Cinque Ports". Die wenigen Überlebenden werden von Spaniern gefangen genommen. Einzig Stradling wird vier Jahre später die Flucht gelingen.

Auf Juan Fernández lernt Selkirk, Zweige aneinander zu reiben und so ein Feuer zu entfachen. Er entdeckt wilden Pfeffer und Bäume mit essbaren, kohlartigen Blättern und erntet Rüben, die Piraten Jahre zuvor gepflanzt haben. Seine wichtigste Nahrungsquelle aber werden Ziegen, die zu Hunderten über die Insel streifen. 130 Jahre zuvor hat sie der Entdecker Juan Fernández auf die Insel gebracht.

Schnell ist Selkirks Schießpulver aufgebraucht, seine Schuhe zerschlissen. Doch seine Fußsohlen werden hart wie Leder, die Ziegen fängt er mit bloßen Händen und tötet sie mit dem Messer.

Selkirk ist sich sicher, irgendwann wird wieder ein englischer Freibeuter nach Juan Fernández kommen. Täglich steigt er in die Berge und sucht den Horizont nach Schiffen ab. Am Strand hat er Holz aufgeschichtet, um mit Feuer auf sich aufmerksam machen zu können. Nur zur Nahrungssuche verlässt er den Ausguck, und erst mit der Dämmerung geht er in sein Lager, um zu essen und zu schlafen.

Gefährlich wird es für Selkirk auf der Insel nur zweimal. Als er in der Bucht Langusten nachstellt, wird er von Spaniern überrascht. Er flieht in den Wald, die Spanier verfolgen ihn die steilen Hänge hinauf. Selkirk, ein flinker Läufer geworden, kann sich absetzen und in der Krone eines Baumes verstecken. Ein anderes Mal stürzt Selkirk bei der Ziegenjagd von einer Klippe. Einen vollen Tag ist er bewusstlos. Auf allen Vieren schleppt er sich in sein Lager, erst nach zehn Tagen steht er wieder auf.

„Nun habe ich zwar 800 Pfund, nie wieder aber werde ich so glücklich sein wie damals, als ich keinen Viertelpenny besaß"

Selkirk legt nun Vorräte an für den Fall, dass er sich erneut verletzt. Er fängt einige Jungziegen und bricht ihnen die Beine, damit sie den Zaun, den er um sein Lager errichtet, nicht überwinden können. Er gerbt Ziegenhäute, wie er es bei seinem Vater gelernt hat. Aus dem Leder näht er Hosen und Hemden und bespannt damit sein Bett und die Wände seiner Hütten.

Einzig die Ratten sind eine Plage. Selkirk wirft mit Steinen nach ihnen, erschlägt sie mit einem Knüppel. Vergebens. Sie fressen seine Vorräte und beißen ihn nachts in die Füße. Doch neben den Ratten haben Seefahrer auch Katzen auf die Insel gebracht. Selkirk lockt sie mit Ziegenfleisch an. Bald schlafen Dutzende Katzen in Selkirks Lager, und die Ratten sind verschwunden.

Um das Sprechen zu üben und sich Mut zu machen, liest Selkirk in der Bibel und betet laut. Später wird er behaupten, auf der Insel sei er ein besserer Christ geworden. Der Glaube gibt ihm Hoffnung, gerettet zu werden. Täglich ritzt er eine Kerbe in einen Stamm. 1580 sind es, als Selkirk gerettet wird.

An Bord der „Duke" wird Selkirk rasiert, man schneidet ihm seine langen, verfilzten Haare. Das stark gesalzene Essen bekommt er kaum herunter, den Rum rührt er nicht an. Selkirk berichtet Kapitän Woodes Rogers ausführlich von seinen Erlebnissen, die der Kapitän bis ins Detail für seinen Reisebericht notiert. Rogers hat Schwierigkeiten, ihn zu verstehen, Selkirk nuschelt und verschluckt die unbetonten Silben.

Nicht mehr lange, und er hätte seine Sprache verloren.

Auf Empfehlung ausgerechnet William Dampiers, der als Navigator an Bord der „Duke“ ist, ernennt Rogers Selkirk zum Zweiten Offizier. Selkirks Füße schwellen schmerzhaft an, sobald er Schuhe überstreift, und er steht barfuß an der Reling der „Duke“, als er zwei Wochen später seine Insel für immer verlässt.

Die Freibeuter plündern kleine Handelsschiffe und überfallen Guayaquil, die drittgrößte Hafenstadt Südamerikas. Dann nehmen sie Kurs auf das große Ziel der Reise, die Südspitze Kaliforniens. Hier lauern sie auf die Manila-Galeone, das legendäre spanische Handelsschiff, das einmal im Jahr Edelsteine, Stoffe und Gewürze von Millionenwert nach Acapulco bringt. Einmal ist es englischen Freibeutern gelungen, die Galeone zu entern.

Die Schiffe warten zwei Monate vor der Küste. Ein Großteil der Crew leidet an Malaria, der Proviant wird knapp. Als Rogers beschließt, die Expedition abzubrechen, kommt die Manila-Galeone am 21. Dezember 1709 doch noch in Sicht. Eineinhalb Tage jagen die Freibeuter der Galeone hinterher, dann sind sie in Schussweite. Sechs Pfund schwere Kanonenkugeln, Gewehrsalven und Brandsätze fliegen durch die Luft. Die Piraten, deutlich in der Überzahl, kämpfen mit der Euphorie von Goldgräbern. Nach drei Stunden holen die Spanier ihre Flagge ein und ergeben sich.

Woodes Rogers benennt die Galeone in „The Batchelor“ um und macht Alexander Selkirk zu ihrem Kapitän. Über Batavia und Kapstadt geht es zurück nach England. Am 3. Oktober 1711 erreichen die Schiffe die Themse. In London haben sich Massen Neugieriger am Ufer versammelt und jubeln den Freibeutern zu. An der Spitze der Flotte fährt die spanische Galeone; Alexander Selkirk, in blauem Tuch, Schwanenlederweste und feinsten Kniebundhosen, grüßt vom Achterdeck.

Selkirk wird ein wohlhabender Mann. Sein Anteil an der Beute beträgt 800 Pfund. Die Presse und Woodes Rogers' Reisebericht machen Selkirk zu einem berühmten Mann in London; gern gibt Selkirk seine Erlebnisse in Kneipen und Kaffeehäusern zum Besten. Selkirks Schicksal inspiriert den Autor Daniel Defoe, der mit Dampier und Rogers befreundet ist, schließlich zu seinem Roman „Robinson Crusoe“. Die beiden haben sich vielleicht nie persönlich getroffen, Defoe bedient sich aber freimütig Selkirks Erlebnisse: Auch Robinson dressiert Katzen und züchtet Ziegen, er ist wie Selkirk zehn Tage ans Bett gefesselt und kleidet sich in Ziegenfelle, obwohl er doch auf einer tropisch-heißen Insel gestrandet ist. Der Roman erscheint 1719 und wird ein Welterfolg.

Die Tatenlosigkeit und Langeweile an Land bekommen Selkirk nicht. Er fängt wieder an zu trinken und wird in Schlägereien verwickelt. Der Londoner Journalist Richard Steele zitiert ihn mit den Worten: „Nun habe ich zwar 800 Pfund, nie wieder aber werde ich so glücklich sein wie damals, als ich keinen Viertelpenny besaß.“

Selkirk kehrt nach Largo zurück, doch er geht seiner Familie aus dem Weg und spielt lieber mit deren Katzen. Auf einem Hügel hinter dem Elternhaus baut er sich einen Unterschlupf und beobachtet von dort das Meer.

Wieder geht Selkirk nach London und tritt wenig später in den Dienst der Marine. An Bord von Kriegsschiffen sichert er die Handelsrouten des Empire. 1720 wird er Erster Offizier auf der „Weymouth“, die vor Westafrika Piraten abschrecken soll. Nachdem das Schiff an der Goldküste frisches Wasser aufgenommen hat, bricht an Bord Gelbfieber aus. So viele Männer liegen im Sterben, dass afrikanische Taglöhner angeheuert werden müssen, nur um den Anker zu lichten.

Es ist der 13. Dezember 1721, als der Kapitän der „Weymouth“ im Logbuch notiert: „Alexr. Selkirk verstorben.“

Vor Guinea wird sein Leichnam dem Meer übergeben.

Philipp Jarke, Jahrgang 1975, ist freier Journalist und wohnt in Bremen. Zuvor lebte er wie Selkirk – halb freiwillig, halb gezwungen – über vier Jahre auf einer Insel – der Liebe wegen war er nach Großbritannien gezogen. Wie auf Juan Fernández war das Klima dort mild und feucht, und wie Selkirk vermisste er vor allem eines: Brot.

Am Rand Sibiriens, am Ufer des Arktischen Meeres, nur umgeben von Polarlichtern und brechenden Eisschollen, lebt ein alter Mann. Es ist Slawa, der Meteorologe. Wer ihm bei seiner Arbeit zuschaut, merkt, dass er nicht nur das Wetter beobachtet, sondern es macht

Der nordische Zauberer

Text und Fotos: Evgenia Arbugaeva

Rechte Seite **Das Haus einer alten meteorologischen Station. Wenn im Herbst die Nebel fallen und die Tundra sich braun färbt und die letzten Zugvögel aufbrechen, wird es in den Wetterstationen einsam**

Linke Seite **Das verlassene Haus des Leuchtturmwärters von Chodowaricha.**
Sand rieselt aus kleinen Löcher im Dach wie bei einer Sanduhr. Seit 30 oder 40 Jahren hat hier niemand mehr gelebt

KINDHEIT AM RAND DER WELT BEVOR ICH MIT der Geschichte von Slawa beginne, möchte ich darüber berichten, wie es mich auf diese kleine Halbinsel Russki Saworot verschlagen hat. Ich werde etwas weiter ausholen und mit meiner Kindheit beginnen.

Ich wurde in dem kleinen Ort Tiksi geboren, am Ufer des Polarmeers im Norden Russlands. Wenn man ihn auf der Karte sucht, wird man feststellen, dass er sich buchstäblich am Rand der Welt befindet. Während des Kalten Krieges war dieser Ort eine wichtige Militärbasis und ein Symbol der goldenen Zukunft der Sowjetunion in der Arktis. Das ist lange her. Mein Vater war Biologielehrer und hatte sich seit je für den Norden interessiert. Zusammen unternahmen wir Fischzüge im Meer und lange Wanderungen in der Tundra, dabei zeigte er mir die verschiedenen Pflanzen und Tiere. Zuweilen besuchten wir seine Freunde in der Wetterwarte außerhalb der Siedlung. Ich war sehr gerne dort. Die bärtigen Meteorologen schenkten uns Rhododendrontee ein und reichten Moltebeerenmarmelade dazu. Sie erklärten mir, wie die Polarlichter entstehen, und zeigten mir einen reich bebilderten Wolkenatlas. Ich empfand Hochachtung vor diesen Menschen, denn sie konnten mir Naturereignisse erklären, die ich für Wunder gehalten hatte und die nach ihren Erklärungen eine noch größere Zauberkraft auf mich ausübten. Diese Leute waren wahre Polarforscher, die ihr ganzes Leben in der Arktis verbrachten und sie von ganzem Herzen liebten. Die Erinnerungen an sie haben mich mein Leben lang begleitet, und sie tauchen immer wieder auf, wenn ich die Wettervorhersage im Fernsehen anschaue.

Erster Besuch in Chodowaricha. Begegnung mit Slawa Im Sommer 2013 unternahm ich eine Reise an Bord des Eisbrechers „Michail Somow", der einmal im Jahr die entlegenen arktischen Wetterwarten mit den nötigen Vorräten und Bedarfsgütern versorgt. Ich hatte mir erhofft, dieselbe Atmosphäre wiederzufinden, die ich aus meiner Kindheit kannte, doch zu meiner Überraschung waren fast alle Stationen als gesichtslose, langweilige Module wiederaufgebaut worden, in denen jetzt junge Spezialisten tätig waren, denen jegliche arktische Romantik fernlag. Die meisten waren wegen der Arbeit hierhergekommen, angezogen von den Lohnzulagen oder weil sie auf dem Festland keinen Job finden konnten. Ich hatte den Eindruck, dass einige nur ihre Zeit dort absaßen. Es betrübte mich, diese neue Generation von Polarforschern zu beobachten. Somit setzte ich voller Enttäuschung meine zweimonatige Reise durch das Eismeer fort, bis wir die Halbinsel Russki Saworot in der Barentssee erreichten.

Hier lernte ich Slawa kennen und begriff sofort, dass er es war, den ich gesucht hatte. Sein ruhiger Blick, in dem eine Traurigkeit lag, eine Art höheres Wissen, das uns Städtern unzugänglich ist, kam mir bekannt vor. Ich erkannte die gleiche abgewetzte Jacke wieder, wie sie alle meine Meteorologen in Tiksi getragen hatten.

Er bat mich einzutreten, verblichene Blümchentapete an der Wand, ein Tisch, vollgestellt mit den verschiedensten altertümlichen Geräten; Schrauben, Muttern und Ersatzteile für Morsetasten sowie ein Bild des lächelnden Juri Gagarin, vor Jahrzehnten aus einer Zeitung ausgeschnitten. Das ganze Haus befand sich in einem unbeschreiblich chaotischen Zustand, doch bei genauerem Hinsehen konnte ich erkennen, dass hier eine eigene Ordnung herrschte, in der sich allein Slawa auskannte, die Ordnung eines einsamen Menschen.

Slawa war wortkarg, doch bei jenem kurzen Gespräch, das wir bei meinem zweistündigen Besuch führten, hatte ich das Gefühl, dass wir uns verstanden; schwer zu sagen, warum.

Ich kehrte auf das Schiff zurück, und wir ließen die Halbinsel hinter uns. Ich blickte auf die sich entfernenden Ufer von Chodowaricha und nahm mir fest vor, dorthin zurückzukehren.

Winter Die Station ist nur mit dem Hubschrauber zu erreichen, und mir blieb nichts anderes übrig, als einen ganzen Flug für mich allein zu buchen, da es keine Passagierflüge in diese Region gibt. Bei der Fluggesellschaft in Narjan-Mar machten sie große Augen, als ich mit einem Korb Apfelsinen, Sekt und einem Käfig mit einem Wellensittich auftauchte. „Willst du wirklich das Neujahrsfest in diesem gottverlassenen Nest verbringen? Lebt dort überhaupt noch jemand?", fragten die Sekretärinnen im Flughafen erstaunt.

Die Polarnacht hatte sich bereits zur Gänze über das Gebiet gesenkt, und ein kalter Wind wehte über die Tundra. Slawa wunderte sich nicht im Geringsten über mein Auftauchen, obwohl er mich nicht erwartet hatte (das Telegramm mit der Ankündigung meines Besuchs war nie angekommen). Er lächelte, nahm schweigend meine Reisetaschen und trug sie ins Haus. Ich bekam ein leeres Zimmer zugewiesen, in dem früher ein anderer Meteorologe gewohnt hatte, auf dem Regalbrett lagen immer noch einige seiner Sachen und Gewehrpatronen. Slawa brachte Feuerholz und Schnee für das Trinkwasser, nach einer Stunde war es warm im Zimmer, ich legte mich ins Bett und versuchte zu schlafen. Draußen rumorte das winterliche Meer, wegen des Eisgangs war das Geräusch beängstigend laut, fast wie Gebrüll, ich schloss die Augen und träumte, dass mich ein riesiger Wal verschluckte und ich in seinem dunklen Bauch hörte, wie er sich durch die Wellen bewegte.

In der Station leben noch zwei junge Meteorologen, Rita und Ustin, sie 19 und er 21, es ist ihr erstes Jahr in der Station. Sie führen ihr Leben in einem Teil des Hauses und Slawa seines im gegenüberliegenden Teil. Mitunter sehen sie sich eine ganze Woche nicht. Slawa sei nicht sehr gesprächig und immer die Ruhe selbst, sagten die jungen Leute, noch nie hätten sie erlebt, dass er sich aufgeregt oder die Stimme erhoben hätte. Es ist, als befinde er sich in einem andauernden und ununterbrochenen Zustand der Meditation, seine Bewegungen wirken gemächlich und eingeübt, er verrichtet Tag für Tag dieselben Tätigkeiten.

Drei Wochen lang beobachtete ich das einfache Leben auf der Station. Alle drei Stunden begibt sich Slawa zur Beobachtungsplattform und sammelt die Messwerte – Luft- und Bodentemperatur, Windgeschwindigkeit, Niederschlagsmenge, Luftdruck, er betrachtet den Himmel und bestimmt die Form der Wolken. Er kehrt ins Gebäude zurück und murmelt vor sich hin: „Wind Süd Südwest, zwölf Meter pro Sekunde mit Böen bis zu 18, stärker werdend, Luftdruck sinkt … Es wird einen Schneesturm geben." Er notiert die Messwerte in ein vergilbtes Notizbuch und übermittelt sie über ein brummendes altes Funkgerät mit heiserer Stimme einem Menschen mit dem Rufzeichen Badan 21, den er noch nie gesehen hat. „Badan 21, hier spricht Badan 15, hören Sie?" – „Badan 15, ich höre." – „Notieren Sie: 23, 103, 125, 97, 802, 14 … Haben Sie das?" – „Verstanden, alles Gute!" – „Ebenso, auf Wiederhören!"

Dann geht er zurück in sein Zimmer und entzündet ein Feuer im Ofen. Seine Lieblingsbeschäftigung – eine Zigarette rauchen und in das Feuer schauen, bis der letzte Funken erlischt, dabei Tee trinken und Kekse essen.

Die erste Woche verging wie ein Tag, ich verlor jedes Gefühl für das Verstreichen der Zeit. Wegen der fortwährenden Dunkelheit gibt es die gewohnte Folge von Tag und Nacht nicht. Ich versank in dieser Dunkelheit und fiel in eine Art Halbschlaf. Nur Slawas Schritte und das Quietschen der Tür alle drei Stunden gaben diesem seltsamen Vergehen der Zeit ein Maß.

In der zweiten Woche wurde ich von Schwermut erfasst, zunehmend bedrückte mich die Entfernung von der restlichen Welt, in meinem Kopf tauchten immer öfter Erinnerungen an Menschen auf dem Festland auf. Gedanken beschlichen mich, die in der Stadt aus Mangel an Zeit keine Möglichkeit erhalten, sich zu entwickeln, sich hier aber ungehindert in alle möglichen Richtungen bewegten. Ich verfiel in eine tiefe Nachdenklichkeit, die durch das unaufhörliche schreckliche Heulen des Windes nur verstärkt wurde.

Wie kommt nur Slawa mit all dem zurecht, können ihn denn die Gedanken nicht aus der Ruhe bringen? Ich erzählte ihm, wie ich mich fühlte. „Das ist ganz normal. Aus diesem Grund kehren die meisten Leute der Station nach kurzer Zeit den Rücken, sie werden nicht mit ihren Gedanken fertig. Wie viele solche jungen Meteorologen habe ich nicht schon kommen und gehen sehen? Manche verlieren sogar den Verstand … Ehrlich gesagt habe ich mehr Ruhe, wenn ich hier allein lebe."

Wir schwiegen. Nach einer langen Pause, als ich schon an etwas ganz anderes dachte, sagte er: „Diese Schwermut kommt daher, weil du zu viele Erwartungen hast. Dann nämlich quälen sie dich. Wenn du aber nichts erwartest, dann bist du vollkommen ruhig, und es kann dir sogar richtig gut gehen." Wie soll das möglich sein – nichts erwarten? Ich brachte den Mut nicht auf, ihn zu fragen, welche Erwartungen er denn abgelegt

Lesen Sie bitte weiter auf Seite 54

Rechte Seite Slawa ist eben von draußen hereingekommen, wo er Wasserstand, Temperatur und Luftfeuchtigkeit gemessen hat. Jetzt muss er die Daten in sein Buch übertragen und diese an die Zentrale funken. Jede Station liefert die Wetterdaten zu einem bestimmten Zeitpunkt, sonst sind sie wertlos

Linke Seite Slawa vor dem alten Leuchtturm von Chodowaricha.
1942 wurde er von der deutschen Kriegsmarine bei deren „Operation Wunderland"
bombardiert. Er war ein wichtiges Leuchtfeuer für sowjetische Handelsschiffe auf dem sibirischen Seeweg

Slawa prüft Netze, die er zum Fischen ausgelegt hat. Es ist einer der seltenen Tage, an denen das Wasser still ist

Ich spürte, dass ich nicht das Recht hatte, seine Ruhe zu stören und Erinnerungen aufzuwühlen, die der Schnee zahlreicher Winter bedeckt hatte und die aufgehört hatten, ihn zu beunruhigen

Rechte Seite **Ein neuer Freund. Kescha heißt der Wellensittich. Slawa hat gestrahlt, als er ihn als Neujahrgeschenk bekam**

Linke Seite Slawa stellt seine Stiefel immer über den Herd, um sie zu trocknen. Meist trinkt er nur Tee und isst Kekse. Das Versorgungsschiff bringt zwar auch Erbsen und Reis. Aber die lässt er den Mäusen. Mäuse stören ihn nicht. Und Katzen will er nicht habe. Ich spürte, dass ich nicht das Recht hatte, seine Ruhe zu stören und Erinnerungen aufzuwühlen, die der Schnee vieler Winter bedeckt hatte und die aufgehört hatten, ihn zu beunruhigen.

Slawa spürte, wie es um mich stand, und wechselte das Thema. „Du hast unrecht, wenn du sagst, dass hier ein Tag wie der andere ist. Schau, gestern haben wir beide die Polarlichter gesehen, wie sie über den Himmel gehuscht sind. Ach, das war schön, nicht wahr? Sie waren gelb, doch genausogut könnten sie sich dir in den nächsten Tagen in ihrer ganzen Vielfarbigkeit zeigen. Und du hast gesehen, wie gut man heute die Sterne sehen konnte, in der letzten Woche haben sie sich die ganze Zeit hinter den Wolken versteckt. Und heute gab es ‚Fettaugen' auf dem Meer, diese Schicht von feinen Eiskristallen auf der Wasseroberfläche, du hast gesehen, wie sie sich streifig ausbreitet und wie das Meer von diesen Fettflecken eine matte Schattierung bekommt. Hier gibt es keinen Tag, der nicht etwas Neues bringt!" Ich blickte in seine lächelnden blauen Augen und schämte mich, weil ich mich so viel mit meinem Inneren beschäftigt und so wenig von dem wahrgenommen hatte, was sich draußen ereignet hatte.

Die dritte Woche verbrachte ich in der Stimmung eines begeisterten Beobachters, die inneren Stimmen verstummten, ich machte einfach nur die Augen auf, und die Arktis erschloss sich mir in ihrer ganzen märchenhaften Pracht. Ich sah Slawa bei der Arbeit zu, und es schien mir, dass er nicht nur das Wetter beobachtete, vielmehr kam es mir vor, als zünde er selbst die Polarlichter an und bringe die Sterne zum Leuchten und spräche mit dem Wind und dem Meer – er ist ein nordischer Zauberer.

Am Silvestermorgen stürmte ich mit Besen und Wischlappen in Slawas Zimmer. „Slawa, ich möchte bei dir putzen und Ordnung schaffen, du kennst doch den Spruch: Wie du das neue Jahr feierst, so wirst du es auch verbringen." Mein stürmischer Tatendrang widerstrebte ihm sehr. Doch als das Zimmer sauber und aufgeräumt war, staunte er, dass es sogar ganz gemütlich darin geworden war. Rita und ich bereiteten ein Festessen zu und stellten die von mir eingeflogenen Kerzen, Apfelsinen und Sekt auf den Tisch. Über dem Tisch zwitscherte in seinem Käfig mein Neujahrsgeschenk, der Wellensittich. Als es zwölf schlug, gingen wir nach draußen und veranstalteten ein Feuerwerk mit Leuchtraketen. Slawa war glücklich. „Ich danke dir für dieses Fest. Du musst wissen, in den 13 Jahren, die ich hier bin, haben wir Neujahr noch nie so ausgiebig gefeiert." Ich ging nach draußen. Der Wind hatte sich vollkommen gelegt, es herrschte ein stiller Frost, am Himmel glänzten die Sterne. Ich zog meine Mütze aus, und es kam mir vor, als könne ich ihr leises Klirren hören. Auch ich werde dieses Neujahr nie vergessen.

Herbst Im September, vor meinem Flug zur Wetterwarte, suchte ich einen Zettel hervor, ausgerissen aus einem Wetternotizbuch, auf den Slawa die Telefonnummer seiner Schwester gekritzelt hatte. „Ruf sie an, wenn du magst, und sag ihr, dass bei mir alles in Ordnung ist." Ich wählte die Nummer in der Stadt Archangelsk und sprach mit der fröhlichen Schwester, ich erzählte ihr von meiner Reise, von Slawa. Ihre Stimme veränderte sich, sie klang jetzt aufgewühlt, mir schien, sie könnte in jedem Augenblick anfangen zu weinen. „Du bist wirklich in der Station gewesen und hast meinen Slawa gesehen? Und ich habe ihm so viele Telegramme geschickt. Aber du kennst ihn ja – er antwortet nie. Gott sei Dank geht es ihm gut! Ich habe schon drei Jahre nichts mehr von ihm gehört. Früher habe ich bei jeder Fahrt mit dem Eisbrecher ein paar Kleinigkeiten und Zigaretten für ihn mitgeschickt, aber er hat schon vor langer Zeit aufgehört, um etwas zu bitten, und so ist die Verbindung irgendwann abgerissen. Du kennst ihn ja, er bittet nie um etwas, ist immer für sich und allein. Wenn du ihn siehst, sag ihm doch bitte, er soll mich auf deinem Satellitentelefon anrufen, ja? Und seine Frau möge er auch anrufen."

Dann saß ich im Hubschrauber und schaute auf die vergilbten Bäume und die schlammigen herbstlichen Flüsse, im strahlenden Sonnenschein hatten sie eine leuchtend ockerfarbene Färbung angenommen. Ich genoss die stille Vorfreude, bald wieder in Chodowaricha zu sein. Allmählich wurden die Bäume immer niedriger, dann verwandelten sie sich in Büsche und Sträucher und verschwanden schließlich ganz. Dahinter erstreckte sich die leere Tundra mit unzähligen kleinen Seen, die wie Mondkrater aussehen. Allmählich füllte sich der Himmel mit schweren Wolken, wir flogen über das dunkle Meer, und ich erkannte die Umrisse des Leuchtturms. Wie unendlich fern von allem lebt doch Slawa, dachte ich.

Ich hoffe nur, dass es ihm gut geht. Den ganzen Sommer über hatte ich ihm Telegramme über die meteorologische Zentrale geschickt, ohne je eine Antwort zu erhalten. So war es mir auch beim letzten Mal ergangen, als ich ihn im Winter besucht hatte. Ich beruhigte mich mit dem Wissen, dass Telegramme die Station nur mit großer Verspätung, gelegentlich auch überhaupt nicht erreichen. Der Hubschrauber setzte zur Landung an, und ich sah Slawa und seinen mit dem Schwanz wedelnden Hund Druschka, dahinter ein neues, knallgrünes Gebäude, das es beim letzten Mal noch nicht gab. Alles in Ordnung – er ist da.

Slawa kam mir mit seinem freundlichen Lächeln entgegen, doch ich bemerkte eine Veränderung an ihm, er wirkte, als bedrücke ihn etwas. Von der Ruhe, die er im Winter ausstrahlte, war nichts mehr zu spüren. „Na komm, wir bringen deine Sachen in dein Zimmer, und dann zeige ich dir das neue Haus. Das ist unsere neue Station. Arbeiter von der ‚Michail Somow‘ haben den ganzen Sommer über hier gearbeitet."

Das neue Haus war leer, roch nach Farbe und stand nicht direkt am Leuchtturm wie das alte, sondern etwas davon entfernt. „Sie haben ein neues Beobachtungssystem eingebaut, ich muss jetzt nicht einmal mehr auf die Plattform gehen, alles wird automatisch in den Computer übertragen." Er zeigte mir sein neues kleines, helles Zimmer. Ehrlich gesagt konnte ich mir ihn nicht so richtig in diesem vier mal vier Meter großen Raum vorstellen, wo sollte er denn all seine Schrauben und Ersatzteile unterbringen? Slawa sagte: „Das ist großartig, ein neues Leben! Ich hab sogar beschlossen, meinen Bart abzurasieren, wenn ich in das neue Haus umziehe, und in Zukunft werde ich mich jeden Tag rasieren ... ein neues Leben." Er machte den Versuch, fröhlich dreinzublicken, doch sein Gesicht drückte das Gegenteil aus.

Am Abend, als wir beim Tee saßen, sagte Slawa: „Weißt du, ich habe beschlossen, mit der Arbeit auf der Station aufzuhören. Ich bleibe noch ein Jahr, um die jungen Leute einzuarbeiten, dann übergebe ich ihnen die Station und gehe. Mir reicht es allmählich, irgendwann muss man die Jungen ans Ruder lassen. Ein Jährchen werde ich ausruhen, und dann werden wir sehen ... Ich weiß noch nicht, was ich machen werde."

In den zwei Wochen, die ich dort verbrachte, bereitete sich Slawa auf den Umzug vor, doch gleichzeitig zögerte er ihn immer wieder hinaus, fand immer wieder Gründe, um noch länger im alten Haus und beim Leuchtturm zu bleiben.

Jeden Tag um drei Uhr gingen wir zum Meer, um die Wassertemperatur zu messen. Die herbstliche Tundra versetzte mich in Begeisterung, und ich fühlte mich ununterbrochen gedrängt, ihm meine Eindrücke mitzuteilen. Er sah mich an, lächelte und freute sich darüber, dass ich die Schönheit seiner Welt verstanden hatte. „Früher, als ich so jung war wie du, da konnte ich beim Fischen oder Jagen 30 Kilometer am Tag laufen. Es gibt nichts Schöneres, als allein durch die Tundra zu laufen, du vergisst, wer du bist, und verschmilzt mit der Natur. Du wirst zu einem Teil von ihr, als ob außer ihr nichts existierte, nur diese offene endlose Fläche. Doch jetzt bin ich nicht mehr so beweglich und kann nicht mehr so weit laufen ... die Zeit vergeht so schnell, ohne dass man es merkt." Wieder schien er tief in seine Gedanken zu versinken.

Es herrschte trübes Wetter an diesem Tag, und das tosende Meer war mit Schaum bedeckt. Slawa tauchte das Thermometer ins Wasser und starrte in die Wellen, ohne sich zu bewegen. „Weißt du, hier oben bemerke ich das Rauschen des Meeres gar nicht mehr, aber wenn ich in die Stadt fahre, fühle ich mich fremd, irgendwie unwohl in meiner Haut, weil mir dieses Geräusch fehlt. Ich kann ohne das Meer nicht leben. Und dieses Gewimmel von Menschen ... es macht mich einfach müde, ich verstehe nicht, wohin die alle rennen. Keine ruhige Minute." Er erzählte mir, sowohl sein Vater als auch seine Mutter hätten auf einem Schiff in der Petschorasee gearbeitet. Als seine Geburt heranrückte, sei das Schiff nur für kurze Zeit beim nächstgelegenen Dorf vor Anker gegangen, damit seine Mutter in der örtlichen Klinik

Lesen Sie bitte weiter auf Seite 62

Rechte Seite Das Gerät, mit dem Slawa seine Wetterdaten an eine Person funkt, die er noch nie gesehen hat. Über viele Stationen gehen die Botschaften, von Chodowaricha nach Indiga, von Indiga nach Archangelsk, von Archangelsk nach Moskau

Linke Seite **Rädchen drehen, Schrauben justieren und Tasten tippen – als ob Slawa mit seinen meteorologischen Geräten das Wetter nicht misst, sondern Windstärke, Schneefall und Farbe der Polarlichter einstellt**

Rechte Seite „Wie Hemingway“, sagt Slawa, als er sein Porträt sieht. Er liebt Hemingway. Er kennt den „Alten Mann und das Meer“ so gut, weil es eines der wenigen Bücher in der Stationsbibliothek ist

Linke Seite Ruhige Finger und lange Winter sind die Voraussetzungen für Slawas Streichholzhäuschen. Er selbst zieht bald in ein neues Haus. Es wird eine Satellitenverbindung geben. Slawa muss nicht mehr draußen messen. Begeistert ist er darüber nicht

Rechte Seite Slawa misst die Wassertiefe. Der Stab dient auch dazu, die Eisdicke festzustellen. Sein Militärparka ist aus wasserabweisendem Tuch

Linke Seite **Polarnacht, aus der Banja heraus betrachtet, dem traditionellen russischen Schwitzhaus. Darin können die Temperaturen auf 100 Grad Celsius steigen – und draußen auf minus 50 Grad fallen**

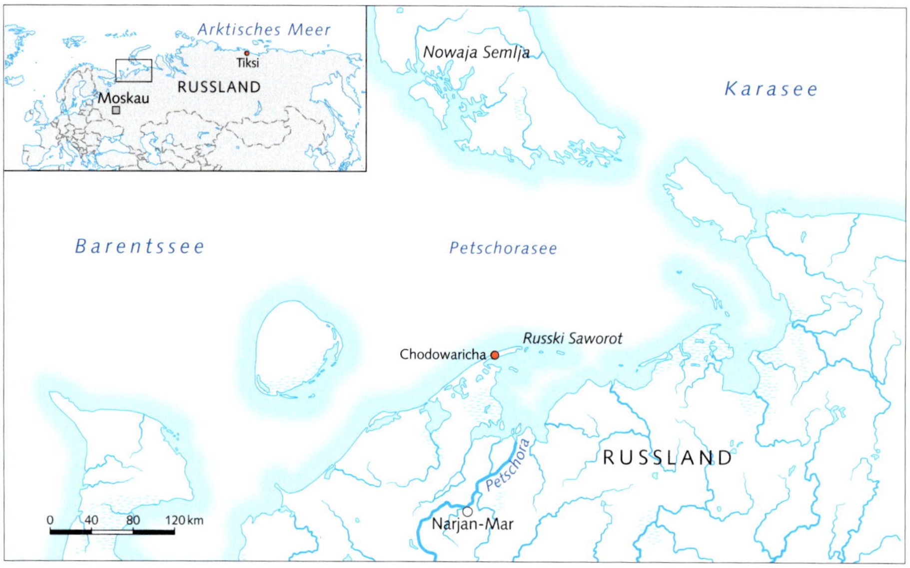

entbinden konnte, danach seien sie schon bald wieder weitergefahren. „Die ganze Kindheit haben meine Schwester und ich auf dem Schiff verbracht, später habe ich dann selbst auf einem Schiff gearbeitet, als Funker. Dann habe ich geheiratet, und meine Frau hat mir verboten, zur See zu fahren. Sie sagte, du musst dich entscheiden – entweder ich oder das Meer. Also habe ich mich für sie entschieden, aber nach zehn Jahren habe ich es doch nicht mehr ausgehalten und bin auf die Station geflohen. Ich fühle mich zu diesen Orten hingezogen, ich kann nichts dagegen tun."

Immer wieder drang ich darauf, Slawa möge seine Schwester anrufen. Doch er konnte sich erst nach einer Woche dazu durchringen. Nach dem Gespräch war er sichtlich in guter Stimmung und sagte: „Ich werde ins Wologodski-Gebiet gehen, dort gibt es einen schönen Fluss. Ist natürlich nicht dasselbe wie das Meer, aber immerhin auch Wasser. An seinem Ufer steht das Haus unserer Eltern, ich werde es herrichten und dort wohnen, meine Frau werde ich zu mir holen, alles wird gut." Ich freute mich, ihn so gut gelaunt zu sehen, und antwortete: „Ein großartiger Plan!"

Zwei Wochen vergingen rasch. Es fing schon an, kälter zu werden, in der Nacht fiel der erste feine Schnee, der jedoch gegen Morgen wieder schmolz. Die Luft fühlte sich zunehmend winterlich an, frisch und ein wenig beißend. Für mich wurde es Zeit abzureisen.

Slawa begleitete mich bis zum Hubschrauber, und unter dem Lärm des Rotors ergriff ich die letzte Möglichkeit und stellte ihm eine Frage, die mir schon lange auf dem Herzen lag: „Slawa, warum hast du mir eigentlich nie Fragen über mich gestellt, interessiert es dich nicht, wer ich bin und wo ich herkomme?"

„Ich weiß doch schon, wer du bist. Ich habe sofort gespürt, dass du ein Mädchen aus dem Norden bist, mehr musste ich nicht wissen, ich sehe auch so alles."

„Und was siehst du?" Er musste schreien, weil der Rotorenlärm immer lauter wurde. „Nun, ich weiß nicht, wie ich es erklären soll. Ich sehe deinen Charakter, dass du einen starken Willen hast, dass du ohne deine Arbeit nicht leben kannst und dass du die Arktis verstehst und auch, dass du einen Zug zur Einzelgängerin hast. Evgenia, du musst dich bemühen, dein Leben so einzurichten, dass du eine Familie hast, du darfst nicht zum Einsiedler werden, du musst dich immer wieder bemühen! Du musst lernen, in zwei Welten zu leben – in der eigenen und zusammen mit den anderen Menschen. Ich habe das nicht gekonnt, aber du, du musst dich bemühen, versprich mir das!"

Mir wurde ganz schwer ums Herz, als ich vom Bordfenster aus der immer kleiner werdenden Silhouette nachblickte, ich konnte die Tränen nicht zurückhalten und empfand tiefes Mitleid für den Einsiedler Slawa. Der Gedanke, dass wir uns möglicherweise nie wiedersehen würden, gab mir einen Stich. Doch ich weiß, wenn ich einmal wieder das Bedürfnis spüre, ganz für mich an einem stillen Ort zu sein, dann werde ich in Gedanken dorthin zurückkehren, zu dem alten Haus in Chodowaricha auf der kleinen Halbinsel Russki Saworot an der Barentssee.

Aus dem Russischen von Andreas Gressmann.

Evgenia Arbugaeva, geboren 1985 in Tiksi, Sibirien, arbeitet als Fotografin, vornehmlich in arktischen Regionen, und pendelt zwischen New York und Russland. Ihre Arbeit wurde mehrfach preisgekrönt und unter anderem in „National Geographic" und „Le Monde 2" veröffentlicht.

Guten Morgen, liebe Brise

„Elf Monate allein auf dem Meer sind kein Pappenstiel", sagt einer, der es wissen muss. Wilfried Erdmann war der erste Deutsche, der allein die Welt umsegelte. Sein Rezept gegen Einsamkeit? Mit dem Wind reden. Und: Lesen. Lesen, um nicht verrückt zu werden

Von Wilfried Erdmann

BIN ICH, DER ALLEINSEGLER, EINSAM? EIGENTlich nicht. Ich bin gern allein. Denn: Wenn es im Leben eine Aufgabe gibt, die ich für lange Zeit ganz allein ausführen kann und zudem mehr liebe als alles andere, so ist es das Segeln übers Meer. Es geschieht in unendlicher Weite, geht langsam voran und dauert dementsprechend. Ich bin allein mit meinem Boot und natürlich dem Logbuch, in das ich die Dinge notieren kann, die unterwegs passieren. Denn Schreiben ordnet die Gedanken und zeigt mir neue Wege, wenn ich in der Bredouille bin. Zum Beispiel, wenn ich in der Einsamkeitsfalle feststecke.

Es gibt nichts Schöneres, als mit einem Segelboot um die Welt zu segeln. Aber das Allerschönste ist dabei das Leben auf dem Meer. Für mich jedenfalls. Zuweilen lädt inmitten des Meeres auch eine kleine Insel zum Landgang ein. Likiep, Coconut Island, St. Vincent. Oder man hat die Urgewalt vor dem Bug: eine Nonstop-Weltumseglung. Ein total sportliches Abenteuer, das ich zweimal erlebte. Einmal 271 Tage in den Jahren 1984/85 und einmal 343 Tage von 2000 bis 2001. Nonstop steht für ununterbrochen auf See sein.

Vielleicht verspüre ich aufgrund meiner Geschichte diesen Drang zum Alleinsein. Ich bin im Wald groß geworden, habe eine Einzeldisziplin im Sport ausgeführt (Radrennfahrer), bin allein nach Indien per Rad gefahren und habe später dann zum Alleinsegeln gefunden. „Mach ich allein" war mein Motto. Lieber wollte ich allein scheitern als in einer Gruppe. Ein Boot und das weite Meer bieten das größtmögliche Alleinsein. Logisch, dass ich mir folglich das Seesegeln als Aufgabe aussuchte.

Alleinsein und Einsamkeit zu unterscheiden sei äußerst wichtig, betont John Cacioppo, der versierte Einsamkeitsforscher. Einsamkeit sei eine tiefe Unzufriedenheit mit den Umständen, die bestehen. Sicher, manchmal ist Segeln trostlos und starr. Oder schlimmer, man ist von mythischen Hügeln aus Nebel und Gischt umgeben. Unsinn: Meine Hügel sind aus festem Wasser gebaut. Vom Boot weg bis zum Horizont. Ein Endpunkt nicht sichtbar. Sie werfen sich gegen den Rumpf. Ein hohles Klatschen entlang der Bordwand sagt mir, dass sie vorhanden sind. Schaumumtoste Wellen zwischen Kap Hoorn und Neuseeland. So im Jahr 2001 auf 47 Grad Süd am 166. Tag auf See. Wo, vom Boot aus betrachtet, alles, was jenseits der Bordkante lag, an Bedeutung zunahm.

Mein Logbuch: *Ohrenbetäubende Schläge. Die See hat uns mehr als flachgelegt. Der Mast die Landschaft gepflügt. See sieht konfus aus. Total wild. Meine Kehle ausgetrocknet. Ich schlapp und unsicher. Der vierte Tiefdruckwirbel in kurzer Folge. Esse eine Handvoll Kürbiskerne. Einzeln. Stück für Stück. Lasse mich vom Wind tragen. Die grobe See wird weiß. Aus normalen 8 werden 9 bis 10 Beaufort. Sturm. Kräftig, aber nicht brachial. Der Rumpf vibriert. Ein dreifach gerefftes Groß steht gegen den Wind. Mit Betonung auf „steht". Ziehen tut hier schon lange kein Segel mehr.*

Ich gewöhnte mich daran. Der Großbaum quietschte. Der Mast schrie. Der Rest Segel am Mast knallte. Maßvoll. Mein Boot torkelte. Ich wusste, das Südpolarmeer ist nicht leidfrei zu haben.

Spüle das Geschirr. Koche mir Wasser für einen Becher Kaffee. Köstlich. Atme tief durch und stelle mir vor, das Meer gehöre mir. Kein Mensch weit und breit. Auch im Radio nicht. Bin ich einsam?

Ja, manchmal schon. Mir fehlten nicht einfach nur Menschen, sondern das Gefühl, von jemandem beachtet zu werden. Egal, was und wie ich etwas machte, da war niemand, der mir Beifall spendete. Ich stand am Fenster und ließ meine Fingergelenke knacken. Eine schlechte Angewohnheit, die ich zulasse, wenn ich unsicher und nervös bin. Ich hatte auch Angst. Der Mast hätte runterkommen können, Wasser ins Schiff schwappen oder irgendwas Schreckliches passieren können. Ich wusste, dass mein Boot jederzeit hätte sinken können.

Ich griff zum Satellitentelefon. Baute es auf. Es war noch ein klobiger Antennenkoffer und funktionierte nur, wenn der Kurs stabil blieb. Ich sprach mit meiner Frau. Es begann mit: „Es ist schön, endlich wieder mit dir sprechen zu können" und endete mit: „Pass bloß auf." Das waren keine Gespräche, die die Einsamkeit reduzierten. Eher förderten. Man baute den Apparat wieder zusammen, setzte sich auf den Boden und grübelte. *Gott hat mich, ganz klar, nicht als Wochenendsegler konzipiert.* Der Gedanke stabilisierte. Immer? Meistens.

I'M SO LONESOME I COULD CRY

ELVIS PRESLEY

Diese Telefongespräche machten die Lage schwieriger. Trost jedenfalls brachten sie nicht. Daher habe ich in der Regel nur zum Telefon gegriffen, wenn ich gut drauf war. Wahr ist, dass ich alle meine Segelreisen, außer der 343-Tage-Fahrt, ohne Funk und Telefon absolviert habe.

Es war die vierte Front in fünf Tagen. Nicht der Sturm zerrte an meinem Gemüt, es war das Verhältnis Wind/Seegang. Das stimmte nicht. Die See läuft, und das Boot steht. Ein schrecklicher Moment der Starre und gleichzeitig der Unruhe. Das Trostloseste, was das Meer bietet, ereilte mich hier. Alles öde, kalt, nass. Und leer. Ein Mann, dem der Weg lang wird. Einsam.

Mutterseelenallein. Genau damit hatte es angefangen, als ich mit dem Rad unterwegs war, mutterseelenallein. Das Wort kannte ich nicht, als es mir wieder und wieder auf meinem Weg nach Indien zugetragen wurde. Du bist allein unterwegs, da musst du doch einsam sein. War ich aber damals – 1958 – nicht. ➢

Ich hatte meine Einsamkeit freiwillig gesucht. Ebenso setzte es sich auch beim Segeln fort. Allein über den Atlantik? Einsam? Nein, überhaupt nicht. Zum einen: Das einfache Leben war schön. Zum anderen: Ich konnte machen, was ich wollte, und es hat mir gefallen. Die Tage auf See haben mir gefallen. Gleich von Anfang an. Konnte stundenlang völlig regungslos auf dem Bug liegen und aufs Wasser schauen. War fasziniert, wie der Bug in sanftem Auf und Ab das Wasser wegdrückte. Als ich realisierte, dass auf See nur die elementaren Dinge wichtig waren, sonst nichts, machte mich das glücklich und verrückt zugleich. So ein Leben hatte ich mir gewünscht. Wahrscheinlich brauchte ich deshalb länger als alle anderen, um den Atlantik zu queren. Aber das war mir egal. Und so war es in den Folgejahren.

Ich war gerne Ozeansegler. Ich hatte Vertrauen ins Boot und in meine eigenen Empfindungen. Damit erlangte ich Qualität, ein

> KEIN MENSCH SOLLTE DURCHS LEBEN GEHEN, OHNE SICH EINMAL DER GESUNDEN, JA LANGWEILIGEN EINSAMKEIT AUSZUSETZEN, EINER SITUATION, IN DER ER ALLEIN AUF SICH SELBST ANGEWIESEN IST UND DADURCH SEINE WAHRE UND VERBORGENE STÄRKE KENNENLERNT
>
> JACK KEROUAC, „LONESOME TRAVELER"

entscheidender Vorteil auf dem Meer. War ich auf einer langen Fahrt, spürte ich erst nach zwei, drei Monaten Unterwegssein, dass ich das Alleinsein ernsthaft bemerkte. Ich wollte Einsamkeit nicht unterschätzen, sie erst gar nicht zum Problem werden lassen. Also legte ich mit Gesprächen los: ein paar Worte mit meinem Kochtopf, dem Wind und vor allem mit meinem Boot. Dem besonders vertraute ich viel von mir an. Mal las ich laut Ringelnatz oder Kästner. In vielen Situationen driftete ich ins Logbuch ab, das mir zugleich ein Tagebuch ist. Kochen war eine andere Aufgabe, die beide Hände und alle Aufmerksamkeit erforderte.

Ein Nonstop-Weltumsegler ist wie ein Mann, der ins Bergwerk fährt – er eignet sich Natur an. Nur ein Sonntagssegler, der sich auf eine südpolare Fahrt begibt, meint: Ich habe alles erledigt, los geht's. Falsch. Jetzt fängt es erst richtig an. Das Segeln: Kap Hoorn, 50 Grad Süd, 5000 Meter Tiefe, die Zeit. Elf Monate allein sind kein Pappenstiel. Die Hauptaufgaben sind: Segel im Blick behalten und das Boot voranbringen. Und mich bei Laune halten. Dazu gehört, Wutanfälle und Traurigkeit in den Griff zu bekommen. Ohne schwankende Stimmungen ist Einhandsegeln kein Segeln. Sondern? Kampf. Aber zu viel Kampf ist Qual. Dafür segele ich nicht allein und nonstop um die Erde.

Manchmal machte es mir Spaß, mich einfach auf die Cockpitbank zu knallen und für Stunden in die Wolken zu starren. Das tat ich meistens bei Albatroswetter, wenn das Raue, das Atmosphärische vorherrschte. Das heißt, ich stabilisierte mich mit solchen Momenten, rieb mein Gesicht trocken, schaute auf das unheimlich graue Meer und war wieder im Lot. Nochmals. Wie fühlt sich Alleinsein/Einsamkeit an? Für mich: Man ist mit nichts zufrieden, nichts schmeckt, und man hat starke Verlassenheitsgefühle. Müde, lustlos, müde. Und das Schlimmste ist, man weiß nicht, warum. Man macht die ganze Zeit gute Fahrt, der Luftdruck stimmt, die Lage ist stabil, und man weiß trotzdem nicht, warum man unruhig und deprimiert ist. Das Gefühl, verlassen zu sein, verfolgt einen auf Schritt und Tritt. Ich war immer wieder überrascht, wie schnell es sich einstellte. Manchmal ohne ersichtlichen Grund. Ich habe mich gefragt: Warum bist du eigentlich so rastlos, so ängstlich, warum fühlst du dich allein und verlassen? Ich versuchte nachzudenken, aber fand oft keine Antwort.

Immerhin: Die Erfahrung größter Einsamkeit birgt einerseits größte Gemeinsamkeit mit meinem Schiff. Andererseits kann Einsamkeit auch die Hölle sein.

Dagegen versteckt sich in langer Einsamkeit auch eine unsagbare Freude. Nämlich, wenn sie vorüber ist.

Gleich wieder ziehe ich den Schlafsack in meiner Koje über die Ohren, als ich sehe und höre, wie es draußen kracht. Bitte, nicht schon wieder. Der Wind verliert wohl alle Schlachten gegen die See. Erst gegen Mittag breche ich endlich auf, völlig demoralisiert. Es ist ein unbarmherziges Ringen mit dem Seegang, der unter einem zu leichten Wind liegt. Allertiefste Trostlosigkeit.

Ich werde häufig gefragt, warum ich, wenn ich vom Segeln erzähle, so oft auf Literatur zu sprechen komme. Wenn man an Bord vom Seegang herumgeschubst wird, unzufrieden ist, Wellen einen schwitzen lassen und die Einsamkeit ein ständiger Begleiter ist, dann sollte man Bücher lesen. Sofort fühlt man sich nicht mehr allein und verlassen. Die Bücher verstehen mich, muntern mich auf, geben mir Kraft. Lassen mich ein wenig leuchten. Es gibt diese speziellen Bücher, die am besten an Bord eines Segelschiffs aufgehoben sind. Joseph Conrad, Sylvia Plath, Max Frisch, Herman Melville. Sofern das Wetter nicht stört, der Kopf schön klar ist, jedenfalls frei vom täglichen Umgang mit Tau und Tuch. Einen Finger zwischen den Seiten des Buches, blickt man durch Fenster und Niedergang hinauf an Deck, prüft Segelstellung, Kurs, Wolken und Wind. Nur beiläufig registriert man das wechselnde Spiel der graublauen Wellen des Meeres.

„Man soll vor allem lesen, lesen, lesen, wenn man nicht ins Abseits geraten möchte." Eine Anregung eines berühmten Weltumseglers. Welches Abseits er meinte, hat er nicht verraten. Vielleicht meinte er, man solle lesen, um nicht verrückt zu werden.

Am Rande: Ich habe den Einfluss von Literatur überschätzt, vielleicht weil Bücher mein Denken zeitweise sehr beeinflusst haben. Heute glaube ich, dass Bücher einigen Trost und das Gefühl geben können, nicht allein zu sein. Mehr liegt nicht darin.

Fazit: Wenn man ein Ziel hat, wird vieles unwichtig. Dazu gehört auch die Einsamkeit.

Wilfried Erdmann, 1940 in Pommern geboren, in Mecklenburg aufgewachsen, lebt heute an der Schlei in Schleswig-Holstein. Er ist der erste Deutsche, der allein die Welt umsegelt hat – 1968 mit der „Kathena", einer sieben Meter langen Slup aus Holz. Seitdem lebt Erdmann für das Segeln, damit und davon. Zuletzt erschienen seine Erinnerungen „Ich greife den Wind" im Delius Klasing Verlag.

„Eine Frage der Empfindung"

Wer einsam ist, neigt laut Studien zu Demenz, Bluthochdruck und Depression. Der US-Psychologe John Cacioppo über die Frage, ob der Mensch trotzdem für ein Leben in Isolation geschaffen ist

Interview: Jan Keith

mare: *Slawa, der Protagonist unserer Reportage, lebt alleine in einem Leuchtturm. Wilfried Erdmann umsegelte alleine die Erde. Ist der Mensch eigentlich für ein Leben in Isolation geschaffen?*

John Cacioppo: Es ist eine Frage der Empfindung. Dieselbe Beziehung zu einem Freund oder zum Ehepartner kann als liebevoll und beschützend oder als gefühllos und bedrohlich erfahren werden. Für das Gefühl, isoliert zu sein, ist nicht die Anzahl und Frequenz der Kontakte entscheidend, sondern vielmehr die Qualität der sozialen Beziehungen. Menschen können sich einsam fühlen, obwohl sie verheiratet sind, Freundschaften pflegen und in Familie und Glaubensgemeinschaft eingebunden sind.

Wieso fühlen sich die einen einsam, die anderen aber nicht?

Neben den objektiven Gegebenheiten der Isolation spielt auch der Charakter eine Rolle. Introvertierte Menschen widmen ihre Aufmerksamkeit und Energie stärker ihrem Innenleben. Ein einsam lebender Meteorologe wie Slawa gibt sich vermutlich mit weniger Beziehungen zufrieden als andere Personen oder zieht diese Lebensweise sogar vor.

Wie wirkt sich jahrelange Isolation bei einem Menschen aus, sowohl psychisch als auch physisch?

Seit 25 Jahren zeigen Studien immer wieder einen Zusammenhang zwischen sozialer Isolation und gesundheitlichen Folgen. Es besteht ein erhöhtes Risiko für altersbedingten Rückgang der kognitiven Fähigkeiten, Demenz, Schlaffragmentierung und Müdigkeit, Entzündungen, Bluthochdruck, verringerte Immunität. Ebenso gibt es auch Veränderungen von psychischen Zuständen, die Einfluss auf Erkrankungshäufigkeit und Sterblichkeit haben, etwa eine erhöhte depressive Symptomatik, niedrigeres subjektives Wohlbefinden, erhöhte Wachsamkeit vor sozialen Bedrohungen und verminderte Impulskontrolle.

Das klingt erschreckend. Verliert man auch wichtige Fähigkeiten wie Sprache, Kommunikation oder Empathie?

Professor John Cacioppo

Nein. Diese bleiben einem erhalten. Doch die Wahrscheinlichkeit, sie auch einzusetzen, ist geringer, weil Einsamkeit die Wahrscheinlichkeit erhöht, dass das Gehirn sich vorrangig mit der Selbsterhaltung und weniger mit den Bedürfnissen anderer Menschen beschäftigt. Jüngere Forschungen ergeben zudem, dass Einsame sich weniger freuen. Sie empfinden angenehme soziale Erfahrungen, die so vielen von uns in schwierigen Zeiten Auftrieb geben, als weniger aufmunternd.

Wenn kein anderer Mensch mehr um einen herum ist, gibt es keine Notwendigkeit mehr für körperliche Hygiene, Tischmanieren, Hausarbeit. Neigen isolierte Menschen zur Verwahrlosung?

Wer ohne Kontakte lebt, hat sicherlich weniger Grund, sich um Hygiene, Tischsitten oder Hausarbeit zu kümmern. Trotzdem konnte in einer Studie über einsame und nicht einsame junge Erwachsene keine Abhängigkeit zwischen physischer Attraktivität beziehungsweise Erscheinung und Einsamkeit festgestellt werden.

Hat Isolation neurologische oder biochemische Nebenwirkungen auf das menschliche Gehirn?

Ja, eindeutig. Es gibt zum Beispiel einen Zusammenhang zwischen Einsamkeit und einer niedrigeren Dichte der grauen Gehirnsubstanz im linken posterioren Sulcus temporalis superior, einem Areal, das für biologische Bewegung und soziale Wahrnehmung zuständig ist. Daraus lässt sich folgern, dass Einsame eine schlechtere Blickwahrnehmung haben. Studien bei Fischen, Vögeln und Säugetieren ergeben, dass ein reiches soziales Umfeld und komplexe soziale Interaktionen – wie sie während der Brutzeit beobachtet werden – Zellwachstum und Neurogenese im Gehirn verstärken, während soziale Isolation das Zellwachstum vermindert.

Macht es einen Unterschied, ob man die Isolation selbst gewählt hat oder nicht?

Wer in die soziale Isolation getrieben wurden, neigt sicherlich eher dazu, sich isoliert zu fühlen. Andererseits können Menschen, die freiwillig ein Leben in Isolation gewählt haben, starkes Heimweh empfinden und sich überraschend einsam fühlen. Wie gesagt, entscheidend ist, wie der einzelne Mensch die Isolation empfindet.

John Cacioppo, Jahrgang 1951, Professor an der University of Chicago, ist führend in der psychologischen Erforschung der Einsamkeit. 2011 erschien sein Buch „Einsamkeit" im Springer-Verlag.

„Das innere Hören möglich machen"

Der Theologe und Benediktinermönch Pater Petrus Nowack hält das Gefühl von Einsamkeit für komplementär zur Gemeinschaft. „Aber es ist nicht unbedingt wünschenswert"

Interview: Karl Spurzem

mare: *Die Soziologie sagt: Einsamkeit ist ein Mangel, eine Normabweichung. Die Philosophie und Psychologie können der Einsamkeit durchaus Gutes abgewinnen. Was sagt eigentlich die Theologie dazu?*
Pater Petrus: Schon in der Bibel heißt es: Es ist nicht gut, dass der Mensch alleine sei. Isolation gilt ja nicht umsonst als eine besonders unmenschliche Form der Bestrafung. Gemeinschaft ist die Grunderfahrung des Menschen, sie ist elementar. Vor allem aber resultiert Gemeinschaft aus der anderen Grunderfahrung der Sprache – und das ist ja etwas, das es nicht allein gibt. Eine theologische Veranlassung zur Einsamkeit kann ich nicht erkennen. Was das Mönchtum angeht, so war es immer eher auf Gemeinschaft als auf Abgeschiedenheit angelegt. Hier im Kloster Maria Laach ist man dauernd von Menschen umgeben.

Wo verläuft denn die Grenze zwischen Einsamkeit und Alleinsein?
Die Empfindung von Einsamkeit ist komplementär zum gemeinschaftlichen Leben, eine scheinbar widersprüchliche, aber unabdingbare Ergänzung. Einsamkeit kann man allein auf dem Meer oder in einem Leuchtturm ebenso spüren wie in einer Gemeinschaft oder in einer großstädtischen Umgebung, auch in einem Kloster. Man *ist* allein, aber man *fühlt* sich einsam – das erste ist ein physisches Faktum, das zweite ein emotionales. Das ist ein Unterschied, wenngleich die Abgrenzung wohl individuell empfunden wird.

Wie können uns Einsamkeit und Alleinsein nützen?
Etwa als ein Hilfsmittel, um ein bestimmtes Ziel zu erreichen. Denken Sie an den Beginn des eremitischen Lebens, an die Wüstenmönche des dritten Jahrhunderts – sie zog es in die Wüste, um in besonderer Weise Gott zu suchen. Entscheidend war nicht der positive Wert ihres Alleinseins, sondern, Erfahrungen zu machen, die sie sonst nicht machen konnten. Ein Weltraumteleskop baut man ja auch in die tiefste Dunkelheit von Wüsten und Gebirgen – nicht weil die Dunkelheit an sich gut ist, sondern weil sie hilft, besser zu sehen.

Pater Petrus Nowack

Und wenn Sie einen Aufsatz zu schreiben haben, dann gehen Sie in Klausur, in Verschluss, wie es übersetzt heißt, an einen Ort ohne Ablenkung oder Anfechtung.

Der russische Dichter Leo Tolstoi schrieb einmal, der zeitweilige Rückzug von den Dingen des Lebens sei eine Art von Nahrung, die ebenso nötig sei wie die materielle Nahrung für den Körper.
Das geht mir zu weit und ist auch relativ. Was dem einen guttut, schadet dem anderen. Vor allem aber ist Einsamkeit zwar nicht unbedingt wünschenswert, aber sie ist nicht pathologisch.

Es gibt kaum eine nennenswerte Darstellung von der Einsamkeit in Kunst und Literatur, die älter ist als das frühe 19. Jahrhundert. Einsamkeit scheint eine Erfindung der Romantik zu sein.
Diese romantisierende Sicht ist neuzeitlich. Sie prägt bis heute übrigens auch die allgemeine Sicht auf das Kloster. Bis dahin waren Wüsten – als Allegorie der Einsamkeit – immer nur Orte des spirituellen Kampfes. Die Idee der Wüste als romantischer Ort der Einkehr ist viel jünger.

Zum Schluss noch einmal Leo Tolstoi: „Je einsamer man ist, desto deutlicher hört man die Stimme Gottes." Können Sie diesem Satz zustimmen?
Das sehe ich anders. Einsamkeit ist eine Empfindung unter vielen, zu denen der Mensch fähig ist, und es ist nicht einmal die Haupterfahrung. Im Gegenteil. Es gibt viele Beispiele in der Bibel, in der die Erfahrung der Stimme Gottes ein anderer Mensch ist. Es ist eine Begegnung mit Jesus im Menschen, angedeutet in seinem Satz: Was ihr dem geringsten meiner Brüder getan habt, das habt ihr mir getan. Es gibt keinen Raum, der gewährleisten würde, dass man die Stimme Gottes hört. Es kommt wohl vielmehr darauf an, die Voraussetzungen zu schaffen, die das innere Hören ermöglichen. Eine gewisse Entfernung vom Lärm des Alltags ist da sicher hilfreich, wie die benediktinische Mönchsregel ja beweist. Dazu braucht es aber keinesfalls den Rückzug ins Kloster. Gottes Stimme zu hören ist prinzipiell immer möglich.

Pater Petrus Nowack OSB, Jahrgang 1956, trat bereits nach dem Abitur in Frankfurt in den Benediktinerorden ein. Der Verlegersohn studierte Katholische Theologie in Trier und Salzburg. Pater Petrus ist seit 2002 Prior der Benediktinerabtei Maria Laach und leitet die Klosterbibliothek. Sie zählt zu den bedeutendsten Privatbibliotheken Europas.

Die Zettelwirtschaft

Das „Balıkçi Ergun" in den Berliner S-Bahn-Bögen nahe dem Schloss Bellevue ist ein Fischhandel. Ganz unverhofft kam noch ein Restaurant dazu. Trotz der vielen Zettel: Es ist unbürokratisch geblieben

Text: Thomas Findeiß Fotos: Rae Tashman

Es gibt Lokale, die so privat scheinen, dass man sich fast wie ein Eindringling vorkommt. „Balıkçi Ergun" – Fisch-Ergun – unter den Stadtbahnbögen in Berlin-Moabit ist ein solcher Ort. Oben rauschen die S-Bahnen vorbei, und unten rauscht beim Eintreten an der Decke ein Wald voller handbeschriebener Zettel. Wo ist man hier nur hineingeraten? Ein Fischgeschäft? Restaurant? Türkischer Kulturverein? Fanclub von Fenerbahçe? Und was sollen die ganzen Zettel? Es sind Botschaften gut aufgelegter Gäste, klärt Wirt Ergun Çetinbaş auf. Er sammelt sie und hängt sie an dieser Decke auf. „Josefine, ich liebe dich" steht da geschrieben oder „Ob Fische trinken?".

Çetinbaş selbst schneidet in der offenen, kombüsenartigen Küche die Zutaten für den Salat. Und es soll tatsächlich Leute geben, die nur wegen dieses Salats hierherkommen. Denn irgendetwas in diesem Salat macht einfach gute Laune. Der Fisch kommt per Luftfracht frisch und direkt aus türkischen Gewässern, bis zu einer Tonne in der Woche, organisiert von Ergun Çetinbaş' Bruder in Istanbul.

Auf der überschaubaren Karte steht ausschließlich Fisch. Er ist pur und unspektakulär zubereitet und gerade deshalb so lecker. Man sollte zum Beispiel den Loup de mer vom Grill nicht übergehen, genauso wenig die gebratenen Sardellen oder Sardinen. Auch Austern gibt es, aber die kommen aus Spanien. Die Beilagen sind einfach: geröstetes Pide (türkisches Fladenbrot), zischend-scharf eingelegtes Gemüse, massenhaft Zitronen. Ein eher einfacher Wein, Bier und Raki lassen den Fisch schnell schwimmen.

Sucht der Gast dann den Weg zu den Toiletten, beginnt der Boden schon zu schwanken. Chaotisch und wie von betrunkenem Schiffsvolk gebunkert, stapeln sich in den hinteren Räumen Sachen ungeklärten Ursprungs: Devotionalien der Küstenbewohner, Strandgut türkischen Familienlebens. Das Rumpeln der S-Bahn wandelt sich zum Stampfen der Schiffsmaschinen. Ein Mann reinigt Wasserpfeifen, Çetinbaş' Frau holt Nachschub aus der kältedampfenden Kühlkammer, und im submarinen Licht hängt das unvermeidliche Atatürk-Porträt.

Ob das Geschäft gut läuft? Çetinbaş wiegt den Kopf, zündet sich eine neue Zigarette an und lächelt eine pastellfarben gekleidete Japanerin an, die auf ihre Takeaway-Sardellen wartet. Zwei türkische Livemusiker stimmen ihre Instrumente. Gleich wird es eine Bauchtanzdarbietung geben. Nachdem Çetinbaş in der Küche ausgeholfen hat, sitzt er auf seinem angestammten Stuhl und raucht eine Zigarette. Dann hilft er wieder in der Küche aus, bis zur nächsten Zigarette.

Mit zwölf Jahren hat er in Izmir als Schneider angefangen. Seine Eltern starben beide früh. Er stürzte sich aufs Fußballspielen und wurde Profispieler in der zweiten türkischen Liga. Als sein Bruder nach Deutschland ging, folgte er ihm – und lernte in Berlin seine heutige Frau kennen. Das war vor gut 30 Jahren. Auf dem Großmarkt etablierte er sich in Obst und Gemüse, bis er auf den Fisch kam.

Ursprünglich hatte Çetinbaş unter den Stadtbahngleisen sein Fischlager, von dem aus er diverse Berliner Wochenmärkte belieferte. Und das tut er auch heute noch. In den frühen Tagen kamen immer häufiger Freunde der Familie aus Izmir vorbei und verspeisten nebenbei ganz ungeniert das gegrillte heimatliche Meeresgetier von Papptellern mit Plastikbesteck im Stehen. Das nervte Çetinbaş irgendwann. Er stellte Stühle und Tische hin und einen Kellner ein, nagelte ein Schild über die Tür und hatte sein unprätentiöses, echtes Familienfischrestaurant eröffnet.

Die Freunde kommen immer noch – nur sind sie jetzt Gäste unter Gästen, die ordentlich von Tellern essen und Raki trinken und, wenn sie das Lokal verlassen, nicht mehr genau zu wissen scheinen, wo sie eigentlich sind – bis sie das Rattern einer S-Bahn daran erinnert. Noch 100 Meter weiter, fast bis zum Schloss Bellevue, begleitet einen der Duft von gegrilltem Fisch in der Luft, bis er von den Autoabgasen vom Großen Stern im Tiergarten verdrängt wird.

Ergun Çetinbaş' Fischsuppe

Zutaten (für 4 Personen)
700 g frische Garnelen, Shrimps, Sardellen und Sardinen, 50 g Butter, 2 kleine Bund Pfefferminze, etwas Dill, frische großblättrige Petersilie, schwarzer gemahlener Pfeffer, ein paar frische Basilikumblätter, 2 gehäutete Tomaten, 1/2 Gurke, 1/2 grüne und 1/2 rote Paprika, 1 Zwiebel, etwas Rucola, frischer Rosmarin, 1 Möhre, 4 bis 5 Radieschen, 3 bis 4 Knoblauchzehen.

Zubereitung
Garnelen, Shrimps, Sardellen und Sardinen in einen Liter leicht gesalzenes Wasser hineingeben und kurz aufkochen. Alle anderen Zutaten klein hacken und dazugeben, 15 Minuten köcheln lassen, dann pürieren, mit Zitrone abschmecken und mit geröstetem Pide servieren.

Balıkçi Ergun
Lüneburger Straße 382,
10557 Berlin (Moabit),
Tel. 030/3975737.
Geöffnet dienstags bis freitags von 15 bis 24 Uhr, samstags ab 15.30 Uhr, montags ab 17 Uhr.

„Lecker, lecker!“ oder auch „Punk's not dead!“ Die Gäste verewigen sich auf gelben Zetteln, die sie an die Decke hängen. Die Fischsuppe (oben) ist viel gerühmt. Sie ist eine Kreation des Wirts Ergun Çetinbaş und seiner Frau Hülya (unten, stehend)

Welches Heft fehlt Ihnen noch?

Bestellen Sie einfach und schnell unter www.mare.de oder kontaktieren Sie uns per Telefon +49/(0)34206/65-135 oder per Fax +49/(0)34206/65-1739.

Mehr im **mare**shop

In unserem **mare**shop unter **www.mare.de** finden Sie nicht nur sämtliche **mare**-Hefte, -Bücher, -Kalender und -Bildbände, sondern auch passende Schuber, unsere beliebten Badetücher und viele weitere Produkte. Und wenn Sie vergriffene Hefte suchen oder Platz in Ihrem **mare**-Regal schaffen wollen, dann schalten Sie doch eine Gratisanzeige in unserem Hafenbasar (bei Fundstücken) und handeln dort mit gebrauchten Heften.

Zum Beispiel:
mare-Sammelbox
18 € / 35,80 CHF

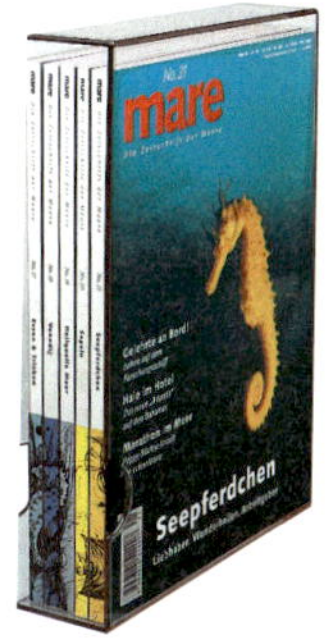

Alle Preise zuzüglich Versandkosten; in D pauschal 3,32 € (nach A 3,42 €, in die CH 6,50 CHF, weltweit 6,14 €). Die Versandkosten entfallen, wenn der Bestellwert den Betrag von 25 € / 43 CHF überschreitet (gilt nur für D, A, CH). **mare**-Hefte sind, soweit nicht vergriffen, zum Preis von 7,50 € / 14,80 CHF (ab No. 74: 8,50 € / 16,50 CHF; ab No. 98: 9,50 € / 16,50 CHF) erhältlich.

Souper mit Rattenragout

Wenn der letzte Zwieback zerbröselt und selbst der Schiffshund schon in der Pfanne gelandet war, musste andere Nahrung her: Ratten. Die Seefahrer von einst konnten sich Ekel nicht leisten

Text: Dietmar Falk Illustration: Jörg Hülsmann

IM JAHR 1803 VERLIESS DIE FREGATTE „Nadeschda" ihren Heimathafen Kronstadt an der Ostsee zur ersten russischen Weltumsegelung. Drei Jahre sollte die Reise dauern, mit an Bord: der deutsche Naturforscher Georg Heinrich von Langsdorff. Vor Hawaii protokollierte er: „Unsere Küche war einfach, und die Nahrung der Offiziere bestand so wie die der Matrosen in Schiffskost, nämlich in Salzfleisch und Zwieback. Letzterer war zwar sehr schmackhaft, es hatte sich aber ein kleiner Käfer so häufig darin eingenistet, dass jeder sein Stück Brot, ehe er es in den Mund steckte, ausklopfen musste."

Ein Matrose hätte diese Normalität für nicht erwähnenswert gehalten. Schon Ende des 15. Jahrhunderts wusste ein Chronist Ähnliches von der Reise zu berichten, auf der Vasco da Gama den Seeweg nach Indien entdeckte. „Beim Kurs auf die Azoren kam großes Missgeschick über uns, weil uns alle Leute erkrankten; daher war niemand da, der das Schiff führte. Und weder die Kranken noch die Gesunden hatten außer Zwieback mit vielen Würmern etwas zu essen." Im Kampf gegen Hunger und Skorbut griff man zu einer naheliegenden Lösung. „Die Not war so groß, dass zwei Hunde und zwei Katzen, die auf das Schiff gekommen waren, von den Kranken gegessen wurden."

Auch der britische Entdecker James Cook musste Jahrhunderte später die gleiche Kost zu sich nehmen. Bei dessen zweiter Südseereise von 1772 bis 1775 notierte der 19-jährige Georg Forster, der sich zusammen mit seinem Vater, einem deutschen Naturwissenschaftler, an Bord befand: „Mein Vater ließ seinen tahitischen Hund, den einzigen, der noch lebend am Borde war, abschlachten; und Kapitän Cook wurde damit einige Tage hintereinander beköstigt."

In der Epoche der klassischen Entdeckungsreisen lagen Triumph und Entbehrung nah beieinander. Und so ist die Liste der ungewöhnlichen Speisen lang. Als Klassiker gilt die Geschichte des norwegischen Polarforschers Roald Amundsen, der während der Südpolfahrt 1911/12 seine Schlittenhunde verspeisen musste. Knapp ein Jahrhundert zuvor hatte sich John Franklin auf seine erste Arktisexpedition begeben. Im Winter 1821 aßen er und seine Männer alte Rentierhäute und Schuhleder, um sich wohlgefüllte Mägen vorzugaukeln.

Nicht viel besser war es den Seeleuten ergangen, die mit Ferdinand Magellan als Erste um die Erde segelten. Im November des Jahres 1520 blieben ihnen neben der Verzweiflung nur Sägespäne und das Leder, mit dem die große Rahe geschützt war. Es musste erst fünf Tage lang in Meerwasser aufweichen, bevor es geröstet „durch die Kehle gewürgt werden konnte", so der italienische Schriftsteller Antonio Pigafetta, dessen Zeugnis der Reise erhalten geblieben ist. Die an Hunger Gestorbenen bekamen so rasch wie möglich eine Seebestattung, um Kannibalismus zu verhindern.

Wer Hunger hat, kann sich Ekel nicht leisten. Wenn der letzte Zwieback zu Staub zerbröselt war und der letzte Schiffshund sein Leben in einer Pfanne ausgehaucht hatte, hieß es, nach anderer Nahrung Ausschau zu halten. Nahrung, an die zuvor niemand zu denken gewagt hätte.

Auch dazu lässt Chronist Pigafetta kein Detail unerwähnt. „Einer entdeckte im Schiffsraum der ‚Trinidad' Ratten. Niemand wusste, wie sie dorthin gekommen waren und wie lange sie schon dort hausten. Nun begann eine wilde Jagd auf diese schrecklichen Tiere, und jeder, dem es gelang, eines von ihnen zu erlegen, konnte seinem Bauch diese abscheuliche Nahrung zuführen. Die meisten hatten nicht die Geduld, die Tiere auf einem Kohlenfeuer zu braten, sie schlangen sie roh hinunter und übergaben sich gleich hinterher." Als sich zwei Seeleute um eines der Tiere stritten, erschlug der eine den anderen. Magellan verurteilte den Täter zum Tod, ließ ihn erdrosseln und ins Meer werfen.

An Bord des französischen Schiffes „La Boudeuse" ging es 250 Jahre später etwas gesitteter zu. 1766 war Louis Antoine de Bougainville als erster Weltumsegler im Auftrag der Grande Nation gestartet. Nachdem er mit seinen Männern den Pazifik bezwungen hatte, wurde die Lage 1768 in der Inselwelt zwischen Australien, Neuguinea und den Salomonen kritisch. „Wir hatten nur noch auf zwei Monate Brot und auf 40 Tage Gemüse. Von gesalzenem Fleisch war der Vorrat zwar größer, aber es verursachte Krankheiten. Wir aßen lieber die Ratten, welche wir fangen konnten."

Auf der „Boudeuse" befand sich auch Schiffsschreiber Louis-Antoine de Saint-Germain, dem die Nachwelt weitere Einzelheiten verdankt. Er notiert: „Zum Souper hat man ein neues Ragout aufgetragen. Es ist aus verarbeitetem Leder und stammt von unseren Mehlschläuchen. Wenn man es wässert, kann man es ein wenig aufweichen; dann zieht man das Fell ab, aber dieses Ragout ist unendlich schlechter als die Ratten." Der Schreiber protokollierte auch, dass selbst Bougainvilles adliger Passagier – Charles, Prinz von Nassau-Siegen – allen Widerwillen abgelegt hatte. „Gestern aß ich mit dem Prinzen von Nassau eine Ratte; wir fanden sie ausgezeichnet und wären glücklich, wenn wir oft welche haben könnten, ohne dass auch die anderen künftig auf den Geschmack kämen."

Ein Schiff ohne Ratten? Undenkbar. Wenn die Mannschaft an Bord kam, waren die Tiere schon längst da, angezogen vom Geruch der Bordverpflegung. Auf Ratten als Kalorienlieferanten war immer Verlass. Allerdings wollten die Seefahrer das erst dann wahrhaben, wenn es keine andere Möglichkeit mehr gab. Vorher waren die Ratten vor allem eines: unbeliebt.

Während der zweiten russischen Weltumsegelung von 1815 bis 1818 machte die Besatzung kurzen Prozess mit den Störenfrieden. Der heute als Schriftsteller bekannte Adelbert von Chamisso begleitete die Expedition und hielt fest: „An diesem Tage war die Erscheinung einer Ratte auf dem Verdeck ein besorgniserregendes Ereignis. Ratten sind auf einem Schiffe gar verderbliche Gäste, und ihrer Vermehrung ist nicht zu steuern. Eine Rattenjagd ward auf dem Verdeck als ein sehr ernstes Geschäft angestellt, und drei Stück wurden erlegt. Es ist von da an keine mehr verspürt worden."

Wesentlich aufwendiger gestaltete sich eine solche Jagd an Bord der „Advance". Mit ihr hatte sich Elisha Kent Kane 1853 von New York aus in die Arktis aufgemacht, um Spuren der sechs Jahre zuvor verschollenen John-Franklin-Expedition zu finden. Franklin war derjenige, der sich drei Jahrzehnte zuvor von Schuhleder hatte ernähren müssen.

Zuerst versuchte Kanes Mannschaft, die Ratten mit einer Mischung aus Schwefel, verbranntem Leder und Arsen auszuräuchern. Vergeblich. Kane schildert selbst, wie man zu drastischeren Mitteln greifen musste: „Jetzt beschlossen wir, sie durch Kohlensäure zu ersticken. Wir zündeten eine Quantität Holzkohlen an, schlossen die Luken und verstopften alle Ritzen. Als wir am nächsten Tag nach dem Erfolg unserer Maßregel sahen, konnten wir 28 wohlgenährte Ratten aus allen Lebensaltern sammeln."

Im Jahr darauf merkte Kane, wer die wahren Herrscher an Bord waren, denn die Ratten hatten sich mittlerweile so stark vermehrt, „dass wir ein förmliches Geheck an Bord hatten. Sie hausten in den Betten der Leute und zeigten solche Widersetzlichkeit und so viel Geschick, den Gegenständen auszuweichen, die man nach ihnen schleuderte, dass sie zuletzt als unvermeidliches Übel geduldet wurden. Die abscheulichen Tiere waren überall: unter dem Ofen, in den Vorratskästen, in unseren Kissen, Decken und Handschuhen."

Aus Vergnügen lauerte ein Mitglied der Mannschaft den kleinen Widersachern immer wieder mit Pfeil und Bogen auf. Der Einzige an Bord, der die erlegten Ratten richtig zu nutzen verstand, war Kapitän Kane selbst. „Meine Gefährten mochten mit dieser Art von Schmaltieren nichts zu schaffen haben; so fielen sie mir anheim, und ihnen verdanke ich manche kräftige Fleischsuppe. Ohne Zweifel trug diese Kost dazu bei, dass ich verhältnismäßig wenig unter dem Skorbut zu leiden hatte."

Dietmar Falk, Jahrgang 1965, lebt als freischaffender Autor in Berlin. Obwohl man der Stadt nachsagt, viele Ratten zu beheimaten, ist dem Autor bisher kein Exemplar über den Weg gelaufen. „Das kann gerne so bleiben", sagt er. Seinem Sohn muss er allerdings noch die Idee ausreden, zwei Ratten als Haustiere halten zu wollen.

Jörg Hülsmann, geboren 1974, wohnhaft in Berlin, studierte Illustration in Düsseldorf und Hamburg. Seit vielen Jahren zeichnet er für Buchverlage, Magazine und Zeitungen.

Sand im Getriebe

Schnelle Autos, harte Kerle, schöne Frauen – warum der Strand von

Von Marc Bielefeld

Daytona Beach in Florida einst zum Kultort der Rennfahrer wurde

Vorherige Doppelseite **Vier Rennwagen stehen startbereit auf dem Strand von Daytona Beach, 1920**

Rechte Seite **Mehrmals brach Malcolm Campbell in seinem Bluebird den Geschwindigkeitsrekord**

VOR 112 JAHREN FUHREN ZWEI Männer über den Halifax River, stellten ihre Wagen ab und marschierten in Volusia County, Florida, auf einen hellen Sandstreifen, der sich von den Mangroven des Ponce Inlet bis nach Daytona und Ormond Beach zog. Weiß wie Mehl lag der Strand vor ihnen.

Die Männer sahen das Meer. Doch nicht die blauen Wellen des Atlantiks interessierten sie, nicht die wenigen Badegäste. Vermutlich knieten die beiden nieder. Ließen den Sand durch die Finger rieseln, der hier draußen vor der Küste äußerst fein war, aber auf dem harten Untergrund nur eine dünne lose Schicht bildete. Sie blickten das Ufer entlang. Nach Norden und Süden zog es sich, flach wie ein Brett.

Es ist nicht überliefert, ob die Fische abwanderten. Doch wahrscheinlich schwammen sie vor Schreck in tieferes Wasser. Denn die beiden Männer stiegen wieder in ihre Autos, gaben Gas und rasten über den Strand. Immer schneller. Es muss fürchterlich geknattert haben.

Der eine hieß Ransom E. Olds, Gründer der Oldsmobile und Reo Motor Car Company. Der andere war der Schotte Alexander Winton, Besitzer der noch jungen Firma Winton Motor Carriage. Im Jahr 1902 traten die beiden Autopioniere in Florida erstmals zu einem privaten Rennen an. Auf der sandigen Piste von Ormond Beach, knapp nördlich von Daytona, drückten sie aufs Gas und preschten los. Tiefe Rillen in den Sand fräsend, trieben sie ihre Karossen am Meer entlang.

Im folgenden Winter schraubten sie an ihren Autos, bastelten an Benzinleitungen und Zündkabeln. 1903 schließlich riefen Olds und Winton zu einem der ersten offiziellen Autorennen Amerikas auf, wieder auf dem Strand bei Daytona. Das Ziel: ein neuer Landgeschwindigkeitsrekord.

Es war die Zeit der vorletzten Jahrhundertwende, als motorisierte Wagen in Amerika zunehmend Pferdekutschen und Fuhrwerke ablösten. 40 Prozent der frühen US-Automobile fuhren noch mit Dampf, fast ebenso viele elektrisch. Nur gut 20 Prozent verbrannten bereits, was im anstehenden Jahrhundert der Kraftstoff der Welt werden sollte: Benzin.

Die Autos sahen aus wie Kutschen, bestenfalls wie grobe Blechkisten. Große Räder, holprige Starrachsen, offene Führerhäuser, ohne Fenster, ohne Sicherheitsgurte. Erst ganz wenige Menschen auf dem Planeten hatten sich bisher mit 70, 80, 90 oder gar mit 100 Kilometern in der Stunde fortbewegt. Selbst die ersten Fluggeräte glitten vergleichsweise im Schneckentempo dahin. Die Brüder Wright entwickelten noch 1909 ein Flugzeug für das amerikanische Militär: Das Kriegsministerium verlangte eine Maschine, die wenigstens 64 Kilometer je Stunde schaffen sollte. Und für jede Extrameile Geschwindigkeit sollte es einen Bonus von 2500 Dollar geben.

Geschwindigkeit war Neuland, eine noch völlig unentdeckte Dimension. Ab Tempo 120, so befürchteten einige, könnte der zunehmende Luftdruck einen Menschen irgendwann zerreißen. Doch mit der Erfindung des Motors und immer effektiverer Vehikel war die Jagd nach Schnelligkeit eröffnet. Jede Meile, die noch obendrauf gesetzt werden konnte, kam einem Triumph gleich. „Speed“ wurde zum magischen Wort, weltweit zum Symbol für Fortschritt und Macht. Und die Grenzen wurden nun ständig weiter ausgereizt: mit Autos.

Auf beiden Seiten des Atlantiks lieferten sich Konstrukteure und Fahrer einen haarsträubenden Kampf darum, wer der schnellste Mann auf Rädern war. Im belgischen Ostende rasten sie um die Wette, ebenso in England und in den französischen Orten Arles, Nizza und Dourdan. Von überall wurden neue Rekorde vermeldet. Und die Marke lag bereits hoch. In Frankreich hatte der Belgier Camille Jenatzy im April 1899 in einem Elektroauto erstmals die Marke von 100 Kilometern pro Stunde geknackt. Sein Wagen sah aus wie eine Spielzeugrakete auf Rädern.

Schon bald allerdings hatten die Autonarren ein Problem. Denn mit den zunehmenden Geschwindigkeiten brauchten sie

längere Pisten. Strecken, die geeignet waren, möglichst lange geradeaus rasen zu können. In Europa nutzte man anfangs Promenaden, einige glatte Strände am Atlantik oder halbwegs befahrbare Flussufer. Eine Rennstrecke existierte nirgends. In den USA waren die Voraussetzungen für schnelles Fahren noch schlechter. 1903 gab es dort gerade 200 Kilometer gepflasterte Straßen. Der Rest: Staubpisten und Sandwege, holprige Schneisen durch Wald und Wiesen.

Unter Floridas Himmel aber leuchtete dieser perfekte Strand. Im Osten säumte ihn der Atlantik, Palmen und Dünen im Westen. Nachdem der Brite Sir Henry Segrave, Major der Luftwaffe und Rennfahrerass, den Küstenabschnitt betreten hatte, beschrieb er ihn so: „Ein Strand, weich wie ein Billardtisch, darunter hart wie Marmor, 30 Meter breit, 27 Meilen lang, gerade wie ein afrikanischer Speer."

Schon bald wurde Daytona Beach zum Spielplatz für alle, die auf vier Rädern Vollgas gaben und ihre Fords, Buicks, Mercedes oder ihre Eigenbauten über die Strecke peitschten, bis sie sich im Sand überschlugen oder in die Wellen krachten. Daytona Beach wuchs zum Kultort. Es war die vielleicht verrückteste Rennstrecke der Welt, auf der Hasardeure zu Heroen aufstiegen und seit 1903 die Geschichte des automobilen Rennsports maßgeblich vorantrieben.

William Vanderbilt schaffte auf der Strecke 1904 einen Rekord, als er 148,54 Kilometer in der Stunde (km/h) in seinem Mercedes fuhr. 1905 preschte der Franzose Arthur MacDonald in seinem englischen Napier-Sechszylinder mit mehr als 168 km/h am Meer von Florida entlang. Am Ormond Beach wurde die nächste große Barriere gesprengt: Der US-Rennfahrer Fred Marriott schoss 1906 erstmals mit über 200 km/h über den harten Sand. Sein Stanley Rocket Steamer war ein mit Dampf betriebener Geschwindigkeitswagen, der bei einem Dampfdruck von 60 bar 150 PS entwickelte. Als Marriott sich 1907 selbst zu übertreffen versuchte, hob er auf einem furchigen Stück Sand ab, der Wagen überschlug sich und brach beim Aufschlag auseinander.

Inzwischen kamen viele Schaulustige zu den Rennen, Preisgelder wurden ausgeschrieben. Die Fahrer lieferten sich immer gewagtere, immer schnellere Rennen: 15 Geschwindigkeitsrekorde wurden auf dem Strand aufgestellt. Zwischen 1927 und 1935 tauchte in den Listen der Rekordfahrer als Ort nur noch ein Name auf: Daytona Beach. Der Spülsaum am Meer war zur heißesten Rennstrecke der Welt avanciert.

Längst jagten nicht mehr nur ein, zwei Autos über den Strand. Die Hasardeure

Lesen Sie bitte weiter auf Seite 82

Der Geruch von Benzin lag in der Luft, Bars und Restaurants eröffneten,

Die Presse war heiß auf Schlagzeilen, Malcolm Campbell lieferte sie. Am 9. Januar 1935 zeigte er den Kameras den neuen Bluebird, mit dem er seinen eigenen Rekord überbieten wollte

Playboys und Prominente tauchten auf

Rechte Seite **Der Brite Sir Henry Segrave, Major der Luftwaffe, Pilot und passionierter Rennfahrer, war der erste Mensch, der sich mit einem Landfahrzeug mit über 200 Meilen in der Stunde bewegte**

wollten gegen andere gewinnen, sie fegten im Pulk am Meer entlang. Und die Geschichten wurden immer verrückter.

Im Jahr 1928 versuchte Frank Lockhart, den sensationellen Rekord von Major Segrave zu brechen. Der britische Bonvivant Segrave hatte seinen über 1000 PS starken Sunbeam Mystery, genannt „die Gewehrkugel", zuvor auf über 203 Meilen je Stunde (mph) geprügelt: ein rotes Geschoss, das schon wie ein Rennwagen aussah. Lange Schnauze, verkleidete Räder, windschnittig, ein Minicockpit, aus dem nur die Lederkappe ragte. Segrave war damit der erste Mensch, der sich mit über 200 mph bewegte, also knapp 322 km/h – auf Sand. Als Lockhart dies überbieten wollte, kam er in seinem Stutz Blackhawk ins Schlingern und raste in die Wellen. Lockhart überlebte den Unfall, sechs Wochen später saß er wieder in einem Wagen, diesmal verließ ihn das Glück. Lockhart wurde der Erste, der sich in Daytona zu Tode fuhr.

Ray Keech hieß ein nächster Teufelskerl, der in Daytona Beach mit einem Gefährt antrat, das man kaum noch als Auto bezeichnen konnte. Sein Triplex bestand im Grunde nur aus einem Chassis, vier Reifen und drei Flugzeugtriebwerken. Mit 207 mph flog Keech über den Sand, aber Major Segrave stellte den Rekord sofort wieder ein: Er erreichte unglaubliche 231,44 mph, 372,46 km/h. Keech knickte ein. „Kein Geld der Welt kriegt mich zurück in den Sitz, um das noch zu überbieten."

Ein Jahr darauf, 1929, sorgte ein einheimischer Fahrer für Schlagzeilen. Lee Bible aus Florida schaffte zwar nur 202 mph, schoss am Südende des Strandes jedoch in die Dünen und starb. Das Manöver riss auch einen Fotografen mit. Der erste tote Zuschauer.

Eine neue Dimension öffnete sich. Die Presse bekam herbe Schlagzeilen, immer mehr Besucher reisten zu der Strecke, um nicht nur waghalsige Piloten zu sehen, sondern um selbst Teil des Nervenkitzels zu werden. Daytona Beach war zur Blaupause des modernen Rennsports geworden. Der Geruch von Benzin lag in der Luft, Bars und Restaurants eröffneten, Sponsoren tummelten sich an der Strecke, Playboys und Prominente tauchten auf. John D. Rockefeller, Ölmagnat und einer der reichsten Männer der Welt, besaß ein Ferienhaus in der Nähe, in Ormond Beach. Auch er kam zu den Rennen.

Schrille Typen und exzentrische Fahrer wurden gefeiert. Etwa der Farmer „Mad" Marion McDonald. „Verrückt" fanden ihn die Leute, weil er während der Rennen Hamburger am Steuer aß. Berüchtigt wurde er, weil er womöglich den Vorläufer des Sicherheitsgurts erfunden hatte.

Niemand war bisher auf die Idee gekommen, sich anzugurten, obwohl die Wagen auf dem Sand regelmäßig ins Schleudern kamen, sich drehten, überschlugen oder umkippten. McDonald knotete sich als Erster mit einem Seil auf seinem knüppelharten Sitz fest. Und für den Fall, dass sein Wagen bei einem Unfall in Flammen aufging und er schnell aussteigen musste, hatte er ebenfalls vorgesorgt: Um sich frei zu schneiden, band McDonald ein Messer ans Lenkrad.

Malcolm Campbell ging als eine weitere Koryphäe von Daytona Beach in die Geschichte ein. In seinem Bluebird lieferte sich der reiche Brite gefährliche Rennen mit Major Segrave. Tausende Menschen sahen zu, als Campbell im März 1935 die Spitzengeschwindigkeit von 531 km/h erreichte, die schnellste Fahrt, die je auf dem Sand von Florida gemessen wurde. Der englische König verlieh Campbell den Adelstitel.

Geschichten wie diese bescherten Daytona Beach seinen einzigartigen Ruf. In Zeiten des Fortschritts, des Siegeszugs des Autos, der rasant wachsenden Filmindustrie, des Konsums – inmitten dieses aufkeimenden Amerikas wurde der puderzuckerweiße Strand vor Floridas Küste zum Sehnsuchtsort. Harte Kerle, schnelle Autos, schöne Frauen, dazu das Leben unter Palmen – es gab kaum bessere Zutaten, um einen amerikanischen Mythos zu erschaffen.

Die *land speed trials*, wie die Amerikaner die Rennen nannten, erreichten bald einen Punkt, der den Organisatoren Sorgen machte. Ein falsches Manöver, ein geplatzter Reifen, und es konnte zu einer Katastrophe kommen. Denn die Autos rasten nur wenige Meter an den Zuschauern vorbei, ohne Zaun, ohne Schutzmauer. Die meisten der reinen Speedwettfahrten

Lesen Sie bitte weiter auf Seite 86

Oben Frank Lockhart präsentiert seinen neuen Stutz, 1928

Rechts Malcolm Campbell (Mitte) inspiziert die Zielflagge

Unten Fred Marriott im Stanley Rocket Steamer, 1906 oder 1907

Oben 1,6 Meilen auf Sand, 1,6 Meilen auf Straße – der legendäre Daytona Beach and Road Course

Links Malcolm Campbell (Vierter von rechts) und sein Team nach seiner Rekordfahrt am 8. März 1935

© Al Satterwhite/CPi Syndication

Seit seiner Hauptrolle in dem Rennfahrerfilm „Winning“ (1969) war Hollywoodstar Paul Newman dem Motorsport verfallen

wurden daher bald auf die leeren und weiten Salzebenen von Utah verlegt.

Aber die Stadtväter von Daytona, die sich des Geschäfts bewusst waren, hatten eine andere Idee: Sie richteten eine Rennstrecke ein, die über 1,6 Meilen am Strand entlang führte und 1,6 Meilen zurück über eine parallel laufende Straße, die inzwischen entstanden war. 1936 stieg das erste Rennen auf dem „Daytona Beach and Road Course“: 250 Meilen über den neuen Rundkurs, zu fahren in handelsüblichen Ford Sedans. 5000 Dollar Preisgeld winkten. Erstmals jagten sich die Fahrer im großen Gedränge über die Pisten, rasierten die engen Kurven und kratzten funkensprühend aneinander vorbei. Bei Ebbe fuhren einige ihre Wagen ganz nah am Saum des Meeres entlang, wo der Sand besonders fest und eben war. Gischt spritzte auf die Windschutzscheiben, einige Piloten lehnten sich hinaus, um überhaupt noch sehen zu können. Und gaben weiter Vollgas.

Noch fuhren die Organisatoren Verluste ein, 22 000 Dollar soll die Stadt Daytona eingebüßt haben. Und doch war dies die Geburtsstunde der modernen Rundkurse, der Auftakt zum Stockcar Racing, ein künftiges Milliardengeschäft und als Nascar heute die beliebteste Motorsportserie Amerikas. Bill France, ein Mechanikersohn, stieg zu einem frühen Promoter auf, er wurde der Bernie Ecclestone der 1930er- und 1940er-Jahre, bis der Zweite Weltkrieg ausbrach und die Rennen ausgesetzt wurden.

Nach dem Krieg fuhr man in Daytona wieder um die Wette. Frisierte Hotrod-Wagen zischten nun über den Strand, pinkfarbene Thunderbirds mit Flossen und mächtigen Kühlern. Aus den Lautsprechern dröhnte Rockabilly-Musik. Erst 1958 entstand in der Nähe eine ovale Rennstrecke, mit Steilkurven und großen Tribünen für Tausende Zuschauer. Der Daytona International Speedway wurde Schauplatz des modernen Rennsports. 1959 startete, nunmehr auf perfektem Asphalt, der erste Lauf zum Nascar-500-Meilen-Rennen.

Auf dem Sand von Daytona Beach kehrte Ruhe ein. Der Strandort in Florida machte dennoch weiter von sich reden. Denn die frühen Rennen hatten ein Lebensgefühl erschaffen, das sich in die Kultur Amerikas einbrannte. Daytona war zum Symbol geworden, für Freiheit und wildes Treiben, für schnelle Kerle und den Rausch der Technik.

Daytona Beach schenkte dem amerikanischen Auto seinen Sex-Appeal – eine Strahlkraft, die sich über die Jahrzehnte nicht verlor. Bis heute schmücken sich Hunderte Produkte mit dem Namen Daytona. Vom Nassrasierer bis zum Motorradstiefel, von der Sonnenliege bis zum Kettcar für Knirpse. Besonders für den Schweizer Uhrenhersteller Rolex sollte Daytona eine besondere, eine beispielhafte Bedeutung gewinnen.

1963 brachte Rolex erstmals ein Modell auf den Markt, das den Namen „Oyster Perpetual Cosmograph Daytona“

trug. Die Uhr war für Rennfahrer konzipiert, und es war nur logisch, den Namen Daytona zu wählen. Sie besaß schwarze Totalisatoren und eine Tachymeterskala, mit der sich Geschwindigkeiten ermitteln ließen.

Zu einer der meistgefragten Uhren aber wurde sie durch ein weiteres Phänomen: Hollywoodgrößen hatten sich in das Daytonaer Spektakel eingemischt. Schon James Dean war Autorennen gefahren, später gaben auch Steve McQueen und Paul Newman Gas, mit Vorliebe auf der Rennstrecke von Daytona. Paul Newman trug bald einen Rolex-„Cosmograph“ am Arm, ein Geschenk seiner Frau Joanne Woodward. Auf der Rückseite hatte sie die Mahnung eingravieren lassen: „Fahr langsam.“ Und obwohl die Uhr vom Werk her nie wirklich den Namen Newman trug und die Schweizer den Schauspieler nie dafür bezahlt hatten, nannten Sammler die Uhr bald „The Paul Newman Rolex Daytona“, die prompt zum Kultobjekt avancierte.

Newman selbst ging es nicht um Uhren. Er war dem Motorsport verfallen, seit er 1969 die Hauptrolle im Rennfahrerfilm „Winning“ gespielt hatte. Von 1972 an saß er selbst am Steuer und nahm an berühmten Rennen wie Le Mans und Daytona teil. Er galt bald nicht mehr als Hollywoodschönling, der ein paar Schaurunden dreht. Er hatte Talent. Newman gewann US-Meisterschaften, 1979 wurde er beim 24-Stunden-Rennen von Le Mans Zweiter. 1995 siegte er in seiner Klasse beim 24-Stunden-Rennen von Daytona – mit 70. Er war damit der älteste Fahrer, der ein namhaftes Autorennen gewann.

Die Organisatoren waren von jeher Fans des frühen Rennasses Malcolm Campbell, der eine solche Uhr vielleicht als erster Rennfahrer trug. Sie fragten die Schweizer später, ob sie nicht der offizielle Zeitnehmer bei den Rennen sein wollten. Seither ist das Unternehmen dabei. Die Wettfahrten in Daytona, bekannt nur noch als „The Rolex“, markieren heute in den USA den Auftakt der jährlichen Rennsaison.

Seit Eröffnung des International Speedway 1959 gibt es in Daytona als Siegespreis einen „Cosmograph“. Der Name des Siegers ist eingraviert, und manche Fahrer sagen inzwischen, dass es ihnen nur noch um diese Uhr gehe. Auch Newman bekam die Trophäe, die er selbst bekannt gemacht hatte. Er spendete sie einem Wohlfahrtsverband.

Heute ist das „Nascar 500“ ein Spektakel der Superlative. Das Rennen in der Serie, das jährlich in Daytona gefahren wird, nennen die Amerikaner „The Great American Race“ oder auch den „Superbowl des Motorsports“.

Und unten auf dem langen Strand? Dort feiern Studenten beim *spring break*, den berüchtigten Partys zum Beginn der Collegeferien um Ostern. Und es rollen sogar wieder Reifen über die Piste vor der Küste. Allerdings gelten Regeln.

Autos dürfen den Strand nur in bestimmten Zonen befahren, lediglich am helllichten Tag und während der Brutsaison der Meeresschildkröten nur zu bestimmten Zeiten. Die Fahrer müssen die Scheinwerfer einschalten und mindestens ein Vorderfenster geöffnet haben, sie müssen sich anschnallen und strikt das Speedlimit einhalten. Überall stehen Schilder: maximal zehn Meilen pro Stunde.

Marc Bielefeld, Jahrgang 1966, Autor in Hamburg, ist eher langsames Tempo gewohnt, da er meistens mit seinem Segelboot unterwegs ist. Beim Strandsegeln vor St. Peter-Ording erreichte er allerdings einmal gut 50 km/h. Schon dieses Tempo habe sich auf dem Sand angefühlt, als „würde man auf Rennradreifen über einen Kartoffelacker schießen“.

Das Herz geht auf

mare-Bildband „Antarktische Wildnis. Südgeorgien"

Herzlichen Glückwunsch zu Ihrem einmaligen Band „Südgeorgien" von Thies Matzen und Kicki Ericson! Da geht einem an Geografie und Polarforschung Interessierten das Herz auf. Man sieht sich hineinversetzt in den ersten Schöpfungstag – einfach wunderbar!

Ulrich Roschmann, Kernen

Achtung! Physik!

mare No. 105, Strandgut: „Strombojen vor Kubas Küste"

Vielen Dank, dass Sie die Qualität Ihrer Beiträge über so viel Jahre auf sehr hohem Niveau halten. Es bereitet mir – auch dank der hervorragenden Fotos und Illustrationen – immer viel Freude, ein neues Heft von vorne bis hinten durchzulesen. Ein Beitrag im „Strandgut" hat mich aber nachdenklich gemacht. Da heißt es: „,Jede Boje kann pro Stunde fünf Kilowatt erzeugen', rechnet US-Meeresforscher David Guggenheim vor." Da ich Ingenieur bin, erkenne ich sofort, dass sich hier ein Fehler bei der Übersetzung aus dem Amerikanischen eingeschlichen hat. Erstens kann man Energie nicht erzeugen, sondern nur aus einem Zustand (zum Beispiel Bewegungsenergie des Wassers) in einen anderen (zum Beispiel elektrische Energie) umwandeln. Nur umgangssprachlich spricht man von „erzeugen". Zweitens aber ist Kilowatt (kW) das Maß für eine Leistung, sozusagen eine „Energierate", wie viel Energie pro Zeiteinheit zur Verfügung gestellt beziehungsweise „verbraucht" wird (zum Beispiel durch eine Glühbirne). „Fünf kW" heißt, dass in jedem Moment 5000 Watt zur Verfügung stehen. Watt sind Joule (Maßeinheit für Energie) pro Sekunde, also kann man an jeder Boje in jeder Sekunde 5000 Joule Energie „abzapfen" und somit 100 50-Watt-Glühbirnen zum Leuchten bringen. „Pro Stunde fünf kW…" ergibt also keinen Sinn, liest man es als „pro Stunde 5000 Energieeinheiten pro Sekunde". Man muss vielmehr die Leistung über eine Stunde integrieren, um herauszufinden, wie viel Energie die Boje „erzeugt". Bei einer angenommenen Leistung von fünf kW wird aus der Integration eine einfache Multiplikation, es sind dann 5 x 60 x 60 = 18000 kWh (Kilowattstunden). Das ist die Energie, die pro Stunde „erzeugt" wird. Richtig muss es also heißen: „Die Boje hat fünf kW (Nenn-)Leistung", denn wie viel Energie sie erzeugt, hängt von der Zeit ab, die man betrachtet, und davon, wie viel Leistung die Boje zu jedem Zeitpunkt bringt (das sind nicht immer konstant fünf kW, wie oben von mir vereinfachend angenommen). Schöne Grüße aus dem Elsass.

Hendrik Bolz, per E-Mail

Thronfolgers Seefahrt

mare No. 105, „Die tropische Wärme des Champagners"

In Ihrem Artikel taucht die Frage nach dem Grund der Reise auf. Die Antwort: Franz Ferdinand war lungenkrank. Der Arzt verschrieb ihm Seeluft, nachdem Kuren in den Bergen nicht halfen. Nun konnte man dem Volk ja kaum mitteilen, der Thronfolger sei schwer krank. Also deklarierte man die Reise als Forschungsreise, mit ein wenig Diplomatie verbunden.

Horst und Cornelia Jennerjahn, per E-Mail

Wir freuen uns über Ihre Briefe, müssen uns aber Kürzungen vorbehalten.

mare Leserbriefe, Pickhuben 2, 20457 Hamburg, mare@mare.de, Fax +49/(0)40/369 859 99

Notizen einer Landratte, *29.*

Dieses Mal wünscht sich unser Kolumnist Maik Brandenburg auf den Mond, stellt Mutmaßungen an über die Größe von Lebewesen auf weit entfernten Planeten und macht sich schließlich auch noch lustig über dieses Magazin

GERADE MAL 40 LICHTJAHRE VON UNS GIBT ES einen bemerkenswerten Planeten, er heißt GJ 1214 b. Vom Marketing her ist sein Name eine Katastrophe, aber so was wie Marketing hat er gar nicht nötig. Das merkt man schon daran, dass GJ 1214 b die Erde noch nie beim Galaktischen Senat verklagte, obwohl es allen Grund dazu gebe.

Denn in Wahrheit ist er der „Blaue Planet": Er besitzt nämlich viel mehr Wasser als die Erde, wahrscheinlich siebenmal so viel. Er ist bald dreimal größer als unser Heimatplanet und möglicherweise total überflutet. Allerdings ist nicht mal klar, ob da was überflutet werden kann – festes Land scheint es dort nirgends zu geben. Wenn die Echolote stimmen, sollen die Meere zudem an die 100 Kilometer tief sein.

Auf ihrem Grund müsste wegen des hohen Drucks „exotisches Eis" lagern, wie die Wissenschaftler meinen. Also nicht einfach nur Stracciatella, Rum-Rosine oder Methan mit Kakaostreuseln, sondern richtig originelles Eis: Es dürfte heiß sein und möglicherweise so hart wie ein Diamant! Von GJ 1214 b aus gesehen ist die Erde wohl nur ein besserer Wüstenplanet, und die Erfrischungen taugen auch nichts.

Ich würde da gerne mal hinfliegen. Aber **mare** schafft es ja nicht mal, mich zum Mond zu schießen. Dort übrigens, auf dem Mond, hat der legendär erfindungsreiche Verleger zusammen mit der Nasa ein paar Ersatzmeere montiert, falls hier unten mal die Themen ausgehen. „Meer der Feuchtigkeit", „Regenmeer", „Meer der Dünste", man fragt sich schon, wie die Amerikaner die alle vollkriegen wollen. Denn selbst das sogenannte Meer „Oceanus" dort oben ist immer noch so trocken wie ein Behördenbrief. Meere ohne Wasser – das berühmte Hintergrundrauschen im Weltall dürfte ein Lachen sein.

Dabei gibt es eine Menge Planeten, die echte Reservemeere bereithalten. Angeblich kreisen da draußen sogar Millionen erdähnlicher Kugeln, die nur so überlaufen, Wasserbälle sozusagen. Sie sollen alle viel größer sein als die Erde, und selbst auf Asteroiden und Kometen wurde schon Wasser nachgewiesen. Der Irrstern Ceres besitzt wahrscheinlich mehr Wasser als alle Ozeane der Erde zusammen. Dabei ist er gerade mal so groß wie Argentinien, man darf ihn sich also wie eine überflutete Pampa vorstellen.

Auch der Planet Neptun gleich um die Ecke hat noch viel mehr Wasser als wir, außerdem Felsen, Wolken und Eis. Da ist praktisch Antarktis – weiß eigentlich jemand, wo sich Arved Fuchs gerade rumtreibt? Apropos Südpol: Der Uranus ist mit gleich vier Polen bestückt (zwei unten, zwei oben) und dazu einer Unmenge an Fachwörtern und Erklärungen, um das zu verstehen. Auch auf Uranus finden sich Wasser, Eis und Gestein.

Ich würde mich nicht wundern, wenn das ganze Universum mit Wasser gefüllt ist. Was ja auch erklären würde, warum Astronauten in einer Art Taucheranzug unterwegs sind. Noch wird spekuliert, ob auf diesen himmlischen Planschbecken Leben möglich ist. Einige Planeten befinden sich nämlich in der sogenannten „habitablen Zone", also in bewohnbarem Gebiet, wo es mollig warm ist, wo das Wasser fließen kann und es ebenfalls festen Grund, Felsen oder Klippen gibt.

Auf solchen Giganten sind natürlich auch die Lebewesen viel größer: Jedes Krillkrebschen dürfte die Ausmaße von Personenkraftwagen haben, die dann von Walen aufgesogen werden, die so groß sind wie Autofähren. Zwei Heringe von dort sollten tatsächlich ausreichen, um hienieden 5000 Menschen sattzukriegen. Und die Möwen sehen alle aus, als ob sie Airbus hießen. Ich mag mir gar nicht ausmalen, was für Wesen dort sonst noch so existieren.

Aber falls es sie gibt, können sie sicher an Land kriechen, einen Hafen bauen, und dann ist es nicht mehr weit bis zur ersten Ausgabe eines maritimen Magazins. Dieses könnte dann im wahrsten Sinne aus dem Vollen schöpfen. Im Gegensatz zu **mare**, das sich – im kosmologischen Vergleich – mit ein paar Pfützen behelfen muss.

Illustration: Pascal Cloetta

Das Mittelmeer

Gestade mit wechselhafter Geschichte, Wiege der westlichen Kultur, Sehnsuchtsort und Ferienparadies

Ein Essay über das Meer, das die Welt verbindet und trennt zugleich,

von Durs Grünbein

Illustration: Christian Schellewald

ES WAR EINMAL EIN SCHULkind, das liebte die Landkarten, die man vor ihm im Geografieunterricht entrollte, und auf diesen vor allem die blauen Flächen. Das Blau war nie einheitlich, es hatte viele Schattierungen, das gefiel ihm besonders daran. Es verstärkte die Ahnung von etwas Außerordentlichem und Begehrenswertem. Hersteller von Erfrischungsgetränken machen sich den Effekt auf ihren Etiketten zunutze. Sein Blick blieb nie lange an den Umrissen der Länder und Kontinente hängen – lieber schweifte er ab zu den Leerräumen zwischen ihnen, den Gräben und Abgründen. Ihre scheinbare Monotonie war eine Verheißung, ihre Unbewohnbarkeit zog ihn an. Er wusste, auch dort waren Menschen unterwegs, auf kleineren und größeren schwimmenden Unterlagen, aber sie verloren sich in der Weite. Andere lebten auf Inseln, die hier und da aus dem Blau hervorstachen wie zum Beweis, dass dies der Grundton war auf der terrestrischen Leinwand. Satellitenbilder des Planeten bestätigten den Verdacht, wie auch die Rede von den sieben Zehnteln.

Man zeigte ihm den Kontinent Europa – damals noch in den Grenzen des Kalten Krieges –, er aber kam nicht von der famosen blauen Borte an seinem Südrand los. Dort war die riesige Landmasse, die auch den eigenen Standort einschloss, zu Ende, das allein war schon Grund genug zum Staunen. Und dann stand da, quer über die wasserfarbene Neutralität sich schlängelnd, ein Name, der nicht leicht zu entziffern war, so weit zogen die Buchstaben sich auseinander. Er musste sie jedes Mal neu zusammensetzen, wie bei einem Sehtest, und da las er dann: Mittelmeer. Eine ziemlich schlichte Bezeichnung für ein so stattliches Gewässer. Aber eine Schulstunde ist lang, und wenn man es recht überlegte, klang Mittelmeer doch auch mysteriös. Was sollte das heißen? War dort der geografische Mittelpunkt der Welt, oder war es einfach die Mitte zwischen den drei Kontinenten Asien, Afrika und Europa? Méditerranée, der Ausdruck, den er einmal bei einem Dichter fand, war ihm damals noch nicht geläufig. Und auch mit der lateinischen Version, die so viel wie mitten im Land, binnenländisch bedeutete, hätte er wenig anfangen können. Noch war sein Sinn für das Paradoxe nicht erwacht.

Davon, dass viele der Zugvögel, die Schwärme der Abertausende Kraniche, Weißstörche und Stare, zum Überwintern dort hinübermussten, hörte er später. Und hatte nicht im Geschichtsunterricht die Chronologie der Ereignisse – Altägypten, Griechenland, das Römische Reich – ebendort ihren Anfang genommen? Auch waren die sieben Weltwunder, auf deren Kenntnis sein Großvater in seiner Autodidaktengelehrsamkeit so stolz war, dass er sie gern abfragte, bis auf eines alle rings um das Mittelmeer entstanden. Eines Tages passte das alles zusammen, und das Wort Mittelmeer erhielt seinen vollen Klang, der das Ohr des Heranwachsenden hellhörig machte. Und schon war in einem weiteren kleinen Deutschen die Sehnsucht geweckt.

Antiker Vorstellung nach war die Erde bekanntlich eine Scheibe. So absurd das heute jedem Kind erscheint, im Gedankenspiel hat die Idee des Ptolemäus ihre bezwingende Logik. Man stelle sich den damals bekannten, bewohnbaren Erdkreis vor, den der Ägypter, Babylonier, Perser, Griechen, Römer und frühen Christen – die Oikumene –, und sie springt wie von selber ins Auge. In der Mitte lag das einzige größere Meer weit und breit, vom Schwarzen Meer einmal abgesehen, dem Pontos euxeinos, an dem die Barbaren hausten. Ringsum aber, am äußersten Rand der Scheibe, breitete sich bedrohlich der Ozean aus, ein offener Ring aus nichts als Flüssigkeit. Das Ganze glich dem Überlaufbecken einer gewaltigen Springbrunnenanlage: Schiffe, die sich an die Kante vorwagten, waren natürlich verloren. So war die Gesamtkonstruktion, und erst von ihr her lässt sich die Bedeutung ermessen, die diesem Meer in der Mitte zukam. Nicht nur war es der Ursprungsort der meisten antiken Kulturen – Geburtswanne und Taufbecken in einem –, es war auch der große Whirlpool, in dem sie sich trafen, einander bekriegten und sich vermischten.

Hier stieß die minoische Inselkultur auf das Pharaonenreich der Ägypter, wechselten sich die Handelsrouten der Phönizier, Griechen, Karthager ab, solange sie als Seemacht den Raum dominierten. Seit den Kriegszügen in archaischer Zeit – Troja, Mykene, Tiryns – herrschte dort ein reger Schiffsverkehr. Alle Arten von Rudergaleeren kommen zum Einsatz, segelbesetzte Transporter kreuzen das Meer. Den Trieren mit Rammsporn, bekannt aus Hollywoodfilmen, folgen die Superfrachter, die Tausende Tonnen Getreide verteilen und den Wein in Amphoren. ➢

Hier wurden die Perser geschlagen – nicht zufällig in einer Seeschlacht, die Konsequenzen haben sollte für den Rest der Welt. Von hier aus strahlte das Vorbild der athenischen Polis über Jahrhunderte aus, wenn auch mit langen Unterbrechungen: das Modell der Demokratie. Der Zug ging vom östlichen Mittelmeer Richtung Westen, Kolonien wurden gegründet. Die Siedlungen Großgriechenlands trugen Namen wie Syrakus auf Sizilien, Kroton, Elea, Tarent und Paestum in Unteritalien. Und weiter drehte das Karussell sich mit den Diadochenreichen der hellenistischen Periode.

Lange Zeit war Rom die alleinige Seemacht im Mittelmeer, vom Hellespont bis hinüber nach Mauretanien, was die besitzergreifende Formel vom Mare nostrum erklärt. Der Ausdruck sagt alles über das imperiale Raumgefühl dieser Leute. Für sie war das Mittelmeer ein Binnengewässer für Anti-Piraten-Einsätze geworden, über das sie in einer Frühform von Flugzeugträgerpolitik wachten. Ein Schwerpunkt war der Transport von Landetruppen zu den bedrohten Fronten des Reiches. Spätestens hier wird den Beobachter aus dem All ein Schwindel erfasst haben vor der Dynamik in dieser Region.

Nach dem Niedergang des Römischen Reiches wurde das Mittelmeer Schauplatz der Völkerwanderungen. Ein Meisterwerk wie die Bronzeskulptur des Satyrs von Mazara del Vallo, der einem Fischer vor der Küste Siziliens in 500 Meter Tiefe ins Netz ging, belegt die Plünderung Roms durch die Vandalen und ihre Seeherrschaft in der westlichen Meereshälfte. Ein Volk, das weit besser war als sein Ruf, machte sich in Nordafrika breit, auf dem Gebiet des heutigen Tunesien und Marokko, und geriet, bis zu seiner Vertreibung, in den Besitz der Kornkammer des Römischen Reiches. Doch auch Byzanz, sein östlicher Teil, musste zerfallen, so viel Glanz seine Kuppeln der Stadt mit der großartigsten Meerlage, Konstantinopel, auch aufgesetzt hatten. Und mit der Islamischen Expansion von der einen, dem Einsickern der Franken von der anderen Seite stellte sich ein neues Kräftegleichgewicht ein. Es war nun das Meer, auf dem die Kreuzfahrer zum Heiligen Land übersetzten wie auf einem edlen Teppich aus Ultramarin.

Bis ins Mittelalter reicht die Spur der wechselnden Kalifate von der Levante bis hinüber nach Spanien. Die Alhambra von Granada ist noch immer ihre staunenswerteste Hinterlassenschaft. Eine islamische Karte aus dem Jahre 1050 zeigt das Mittelmeer in schöner Abstraktion als ovales Becken, wie eine prunkvolle Badewanne. Auf dunkelgrünem Grund sind gleichmäßig 118 Kreise verteilt, jeder mit der arabischen Aufschrift „Insel“ versehen, Sizilien und Zypern sind als Rechtecke wiedergegeben. Bei strikter Einhaltung des Bilderverbots – weder Schiffe noch Palmen, keine Tempel und Türme, auch keine Löwen, wo Wüsten die Ufer säumen – werden über 100 Ankerplätze aufgeführt.

500 Jahre später bietet eine osmanische Weltkarte bereits den Ausblick auf das ferne Amerika hinterm Atlantik. Sie stammt aus der Werkstatt des türkischen Admirals Piri Re'is (1470–1554), der von sich behauptete, er selbst habe noch Karten aus der Hand des Kolumbus gesehen. Nach den Schilderungen der Odyssee und des Argonautenzugs ist die Menschheit nun reif für die Fabelwelt Sindbads, des Seefahrers aus Tausendundeiner Nacht. Die Wege der Seefahrt sind die Wege der Imagination, und sie begannen im Mittelmeer.

Die Wege der Seefahrt sind die Wege der Imagination, sie begannen im Mittelmeer

Einmal unterm Regenbogen der olympischen Götter, einmal im Namen des Gekreuzigten, einmal unterm Banner des Propheten. Wie kein anderes Meer hat dieses Kulturen gesammelt, Stadtstaaten und Stadtrepubliken, Königreiche und Fürstentümer.

Heute dehnt es sich auf den Landkarten wie ein befremdliches Organ, eine Art Dickdarm inmitten der körperlich greifbaren Festlandsockel. Es verarbeitet die Wasser, die aus dem Atlantik hereinströmen, und scheidet den Dreck aus, den ihm die Zivilisation an seinen Küsten beschert, die Strömungen sind seine Peristaltik. Es scheint, als verdaute es die Jahrhunderte, die an seinen Ufern vorüberzogen. In seinen Tiefen lagert der Mythenschrott. Unterwasserarchäologen fördern die Schiffsladungen der alten Handelsvölker ans Licht, die Artefakte der Toten seit den homerischen Epen – Amphoren, Schwerter, bronzene Statuen und solche aus Marmor. Jederzeit eine willkommene Überraschung, sind sie die Frohbotschaft für Historiker, die das Mittelmeer auch morgen noch in die Schlagzeilen bringen.

Was es zum dauerhaften Skandal macht, ist etwas anderes. Es sind die Flüchtlingsströme aus den Ländern Schwarzafrikas. Ihren Ansturm abwehrend mit äußerster polizeilicher Härte, wird Europa allmählich zu einer Festung. So gesehen, erscheint ihre geschlossene Welt, die Welt relativen Wohlstands, den privilegierten Europäern immer noch als eine Scheibe. Nur dass über den Rand nunmehr Bootsflüchtlinge herunterfallen. Und es hilft ihnen nichts, dass sie zu den Wagemutigsten ihrer Herkunftsländer gehören, sie gelten als Wirtschaftsflüchtlinge. Anders als die Überwinder der innerdeutschen Grenze kommt keiner von ihnen in den Ruf eines Helden.

Frontex ist das Codewort für die operative Zusammenarbeit an den Außengrenzen des Kontinents, Sitz der Behörde ist Warschau. Den Italienern fällt die undankbare Aufgabe zu, die Boatpeople aufzufischen, ihre Nussschalen, brüchigen Fischkutter oder gar Flöße zu zerstören. Soundsoviele Tote vor Pantelleria angespült, soundsoviele Überlebende in Lampedusa interniert, das ist die traurige alljährliche Statistik, die Europas Humanismus schwer auf die Probe stellt. Keiner, der am Mittelmeer Urlaub macht, bleibt von den Tatsachen verschont, und diese sind mehr als nur Schlechtwetternachrichten. Es macht keinen Spaß, an Stränden herumzualbern, an denen eben noch Leichen angespült wurden.

Und doch wird das Meer den meisten Touristen in angenehmer Erinnerung sein, was der Grund ist für ihre jährliche Wiederkehr. Was sich einprägt, sind die Wochen am Sonnenstrand, beinah unabhängig von der Gehaltsklasse der Besucher. Es ist das Tableau aus Palmen, Eiscafés und Segelbooten in türkisblauer Bucht. In diesem Sinne sind fast alle, die einmal dort waren, Mitglied geworden im Club der Liebhaber des Mediterranen. Dem Gefühl, dem Garten Eden dort ein Stück näher zu sein, können auch Hunderte Kilometer Küste, verbaut und betonversiegelt, nichts anhaben. Weder die großen Häfen, Kloaken der Globalisierung, noch die Meldungen von Waldbränden oder anrückenden Quallengeschwadern.

Wer nimmt den dramatischen Rückgang der Fischbestände in diesem schwer malträtierten Aquarium schon wirklich zur Kenntnis? Dass es eines der am stärksten verschmutzten Meere weltweit ist, bleibt ein Abstraktum. Wenn auch genügend Anzeichen dafür sprechen: Algenteppiche auf breiter Front, Plastiktüten, die in einer von Chemikalien schillernden Brühe treiben. Vielleicht beruhigt ja die Tatsache, dass im Zeitraum von 200 Jahren das Wasser des Mittelmeers einmal komplett gegen Atlantikwasser ausgetauscht wird. Solange die Selbstreinigung funktioniert, ist die Illusion einer ununterbrochenen Ferienlandschaft zwischen Málaga und Antalya perfekt.

In Wahrheit gibt es Regionen, die bis heute nie zur Ruhe kamen. Auf einen Arabischen Frühling kommen hier etliche blutige Bürgerkriege (der schlimmste wütet gerade im syrischen Abschnitt). Zumindest in der südöstlichen Ecke ist jeder Fetzen Küste noch immer heiß umkämpft, so wie früher die nördlichen Ufer, von der Seeschlacht bei Salamis bis zur Landung der Alliierten auf Sizilien. Nicht einmal die Inseln blieben noch bis in die jüngste Zeit verschont, wie die Zerreißung Zyperns beweist. Auch an utopischen Projekten für das Mittelmeer hat es nicht gefehlt. Das ehrgeizigste wurde, wen überrascht es, von einem deutschen Architekten ausgeheckt. Es sah die weitgehende Trockenlegung des störenden Gewässers vor, mithilfe eines Riesenstaudamms an der Straße von Gibraltar. „Atlantropa", so der Name des faustischen Plans, versprach ein friedliches Zusammenrücken der Kontinente und Millionen neuer Arbeitsplätze. Neben der Gewinnung von Neuland nach holländischem Muster, etlichen Elektrizitätskraftwerken an den Staustufen der großen Zuflüsse, auch eine direkte Zugverbindung von Berlin nach Kapstadt. Hafenstädte wie Genua und Venedigs Lagune hätten dann inmitten künstlicher Binnenseen gelegen.

Die jüngsten Nachrichten aus der Region handeln von Erdölfunden vor der Küste Israels und der des Libanon. Milliarden Petrodollar sind in Aussicht: Glücklich der Staat, dem der Löwenanteil gehört. Das sind die Lotterielose, die das Meer in der Mitte an seine Nutznießer zu verteilen hat: Rohstoffe, Fischfang, Tourismus, Lizenzen für Spielkasinos, Steueroasen der Oligarchen. Auch dieser Ausdruck ist, wie so viele, an Ort und Stelle geprägt und heute noch brauchbar, als Indikator für die modernen Demokratiegewinnler frisch wie am ersten Tag. Mittlerweile hat man sich daran gewöhnt, ihn ins Russische übersetzt zu finden. In wie vielen Ländern ist Demokratie heute mehr als der Reklametrick, hinter dem sich die Manipulationen einer Lobby hochvermögender Spieler verbergen?

Das alles wirft die Frage auf, wem dieses Meer eigentlich gehört. Auch wenn die Aufteilung weitgehend abgeschlossen scheint, es gibt da Zufahrtswege und geopolitisch günstige Zonen, Fanggründe oder Meerengen unter nationaler Zollhoheit. Und noch immer ist die Straße von Gibraltar britisches Überseegebiet und steht, von Spanien nie anerkannt, unter der Souveränität der Vereinigten Königreiche. Flugzeugträger dürfen den Bosporus bis heute nicht passieren. 22 Staaten teilen sich seine Küste, ein vielfach zerklüftetes Geländeprofil von mehreren tausend Kilometer Länge. Auch wenn der Güterverkehr auf den maritimen Autobahnen reibungslos abläuft, verfolgen die Anrainer vom Maghreb bis in die Levante, vom Marmarameer über Ägäis und Adria bis zu den Balearen wachsam das Geschehen. Gehört das Meer noch den Europäern, die lange seine Geschicke bestimmten, den Türken, die das Beste daraus zu machen wussten, den Nordafrikanern, die bis heute nur zögerlich in Erscheinung treten? Sind seine Wasser katholisch, moslemisch, christlich-orthodox – oder heimlich immer noch heidnisch?

Sind seine Wasser katholisch, moslemisch, orthodox – oder heimlich noch heidnisch?

Was hat es auf sich mit jener Jungfrau Europa, die ein Entführungsopfer war asiatischer Herkunft, das dem Kontinent seinen Namen gab? Man kann die Entführung der Phönizierin auf dem Stier nüchtern als einen Akt der Völkerwanderung sehen, idealistisch als ein Beispiel gelungener Integration. Nebenbei bemerkt, sie kam nie weiter als bis nach Kreta – aber wurde sie dort interniert? Hat etwa die Angst vor den minimalen Gendifferenzen zugenommen? Warum die verbissene Abgrenzung zwischen den Kontinenten?

Wenigstens eine der Euromünzen bemüht sich noch immer um die Erinnerung. Man muss nur im eigenen Portemonnaie wühlen. Griechenland klammert sich an das Vorbild: Europa auf dem erfolgsverwöhnten, göttlichen Stier. Zypern zeigt das Idol von Pomos, eine prähistorische Figur, Malta das Malteserkreuz. Und Italien, nun ja, zwei seiner größten Künstler, Leonardo und Dante, während Spanien sich mit dem König zufriedengibt. (Wir klammern Monaco aus, von dem nichts anderes zu erwarten war als der letzte regierende Fürst.) Frankreich hält es mit einem stilisierten Baum, der in ein Hexagon eingesponnen ist. Sollte Geld ein Maß sein für das je eigene Verhältnis zur antiken Mittelmeerherkunft – schließlich wurde es dort erfunden –, dann hätten wir hier ein Indiz für die Probleme einer europäischen Union. Die sogenannten Südländer, Sündenböcke des Augenblicks, sind jene, denen das Festhalten an mediterraner Identität zum Nachteil gereicht. Währungen sind noch immer das stärkste Symbol, ein letztes Zeichen, in dem nationale Hoheit sich ausspricht. Vor dem Hintergund des Meeres erst zeigt sich, dass die augenblickliche Krise nicht nur eine der Ökonomie und der Staatshaushalte ist – es ist vor allem eine Krise der kulturellen Selbstbestimmung.

Das Weiße Meer nannten die Araber es und mit ihnen die Türken, vielleicht in Opposition zu jenem Schwarzen Meer hinter dem Isthmus oder in Gedanken an den schneeweißen Dunst über den Wassern, das Hitzeflimmern, das sich dem Blick vom Süden her darbietet. Von dort aus muss das Mittelmeer als Fortsetzung der Wüstendünen erscheinen, die der Betrachter im Rücken hat, als ihre letzte, diesmal reale Fata Morgana. Übersetzt in die verschiedenen Sprachen des ehemals kolonialen Afrika: ein unerfüllbares Versprechen.

Es ist ein trügerisches, ein abgründiges Meer. An seiner tiefsten Stelle reicht es erstaunliche 5000 Meter hinab. Das Calypsotief – benannt nach der Nymphe, die Odysseus in ihrer Liebesgrotte sieben Jahre lang glücklich machte – liegt an der Stelle, wo sich die Afrikanische unter die Eurasische Kontinentalplatte schiebt. Es ist in mehrfacher Hinsicht ein symbolischer Ort, auch wenn die Namensgebung jüngeren Datums ist, ein Zeugnis ozeanografischer Erforschung. Doch gibt es überall rings um das Mittelmeer Spuren aus vorhomerischer Zeit. Man kann dort studieren, wie ätiologische Sagen funktionieren und wie sie wandern von einem bedeutsamen Ort zum andern, kurz gesagt, wie Dichtung und Geografie einander zuzwinkern. Das Meer mag viele Stimmen haben, die Landschaft noch so sprechend sein, zum Gedächtnisraum wurden sie erst durch die Echos in den Epen, im Drama und in der Lyrik. „Dort steigt der Triton aus der Welle / Die bis zur Schwelle dringt an einem / Tempel christlichen Gebets", wie es in einem Gedicht eines späteren Küstenbewohners heißt, des italienischen Dichters Eugenio Montale.

Wir haben es mit einem ausgedehnten Mythengelände zu tun, man kann auch von einer Topografie der Mythen sprechen. Vorgebirge sind nach den Helden des Trojanischen Krieges benannt, ein Felsenkap heißt wie der Steuermann aus der Aeneis, der dort ertrank, Palinurus. Türkisblaue Buchten im Tyrrhenischen Meer und an den Küsten Kleinasiens tragen noch heute die Namen mancher Nymphe, die geschmeidig und schöngelockt dort herumschwamm. Es gibt sie wirklich, die Insel der Sirenen, den aus der Odyssee bekannten Eingang in die Unterwelt, und auch die Felsbrocken, die der geblendete Polyphem dem Listenreichen hinterherschleuderte – sie liegen in Sichtweite des Ätna.

Auf einem Fährschiff überquert man die Meerenge von Messina und wird plötzlich gewahr: Der winzige Felsen in der immer noch von gefährlichen Strudeln heimgesuchten Wasserstraße, das ist die Charybdis, und auf dem Burghügel gegenüber hauste das Ungeheuer, die menschenverschlingende Skylla. Vulkane gibt es, und sie heißen so nach dem römischen Gott des Feuers. Aber die Mythen lassen auch keinen Zweifel daran, wer hier Herr im Hause war. Das weindunkle Meer war Hoheitsgebiet des Poseidon. Kaum ein anderer Gott wurde gefürchtet wie er. Noch heute geben die Seewetterberichte eine Ahnung davon, wie ernst man ihn nehmen musste.

Die Griechen haben ihm einige ihrer majestätischeren Tempel gewidmet – natürlich mit Meerblick. Der von Paestum steht heute auf einem unbesiedelten Landstreifen zwischen Küste und Fernstraße und beeindruckt durch seine wuchtigmassive Erscheinung. Am Kap Sounion, eine knappe Autostunde hinter Athen, ragt die Ruine des Poseidontempels über einem Steilfelsen auf. Die dorischen Säulen sind hier schlanker, der Marmor ist von einem strahlenden Weiß, wie das ausgebleichte Skelett eines verirrten Wals. Die Sorge des Mittelmeermenschen, das Gebet der Fischer und Seeleute um gefahrlose Überfahrt, waren das Hauptmotiv solcher Bauten – hier kam noch die Dankbarkeit hinzu. Seit seinem Eingreifen, das die Griechen auf Dauer vor Fremdherrschaft bewahrte, wurde Poseidon auch unter dem Beinamen „der Retter" geehrt.

Legenden schlingen sich um jedes Stückchen verbrannter Erde, Meeresgrotten locken in ihre heroische Vorgeschichte zurück. Vor allem Letztere gehören noch immer zu den ganz großen Erlebnisräumen der Taucher. Habe ich schon erwähnt, dass ich gelegentlich tauche? Ich selber bin leider bisher nicht übermäßig weit herumgekommen im Mittelmeerraum. Die Küsten kenne ich nur ausschnittweise – vor allem die Italiens, Griechenlands und der Türkei, dazu einige der größeren und kleineren Inseln zwischen Mallorca und der Ägäis. Vom gegenüberliegenden Ufer nur so viel, wie ein Israelbesuch hergibt, ein paar Kilometer zwischen Tel Aviv, Caesarea und Akko, dem Kreuzfahrerstützpunkt im Heiligen Land. Das genügt sicher nicht, um wirklich mitreden zu können. Dafür hätte ich mit einer der Yachten in See stechen müssen, mir ein Segelboot mieten sollen samt dem Skipper, der dich hinaussteuert in die offenen Gewässer, wo man den Schwertfisch fängt. Ein Meer erkennt man erst richtig, wenn man auf ihm, weit draußen, in einen Seesturm geriet. Wenigstens kann ich sagen, dass ich hier und da tiefer eingedrungen bin als der normalsterbliche Badeurlauber mit seinem beherzten Kopfsprung. Ich habe mir Capri von unten betrachtet, vor den Liparischen Inseln fauchte mich eine Muräne an. ➢

Ich sah die Galeerenhäfen in Kleinasiens Buchten, den Meeresboden übersät von zertrümmerten Amphoren. Als ich mit einem Henkel in der Hand triumphierend auftauchte, schüttelte der türkische Bootsverleiher traurig sein Haupt, und reumütig warf ich das Scherbenstück zurück in die Fluten. Aber nicht die Naturschönheiten, die uns die Reiseprospekte verkaufen, nicht die unsterblichen Kunstwerke aller Mittelmeerkulturen zusammen erklären, wieso dieser Raum über so viele Jahrhunderte hinweg als die mächtigste geistige Strahlungsquelle auf Erden wahrgenommen wurde. Geografie und Geschichte allein können es nicht gewesen sein. Nicht die gerade dort einem fortwährendem politischen Chaos abgetrotzte Ordnung in Form von Architektur und Athletik, Bildhauerei und mustergültiger Literatur. Auch nicht das dem Menschen so wohlgesinnte Klima und die Herrlichkeiten einer winterfeuchten subtropischen Vegetation, die Olivenhaine und Weinhänge anzulegen erlaubt. Wobei vor allem das Letzte, der Wein, zur Voraussetzung wurde einer Dialektik, die das Dionysische mit dem Apollinischen verkuppelte, eine einzigartige Blüte hervorbringend, in der die menschliche Tragödie, das Drama von Körper und Intelligenz, ihren erstaunlichsten Ausdruck fand. All das kann manches begründen, aber es verrät nicht, warum Europa und nach ihm das junge Amerika so lange geistig mit diesem Urgelände verbunden blieben. An dem Verhältnis von Ursache und Wirkung war nie zu zweifeln. Dankbarkeit ist ein guter Garant, besser noch das schlechte Gewissen – und die Lektion, die von Griechenland ausging, hielt es für immer lebendig. Es ist nun einmal so: Die größten Errungenschaften der westlichen Kultur haben im Mittelmeerraum ihren Ausgangspunkt. Hier wurde die Mathematik geboren, hier entstand die Philosophie. Hier kam mit Männern wie Hekataios und Herodot, großen Reisenden durch den Mittelmeerraum, die zum ersten Mal den Wirrwarr aus Aufständen und Kriegen völkerkundlich und perspektivisch betrachteten, die Geschichtsschreibung auf. Und angesichts des Wirrwarrs der Religionen, ach ja, auch die Theologie, als Lehre von den Substanzen, die den Gottesbeweis hervorbringt, die Idee von einem obersten Naturprinzip, den unbewegten Beweger. Ist nicht sein ideales Spiegelbild das Meer, das seine Wassermassen umwälzt in unaufhörlicher Bewegung? Hier lagen Monotheismus und Polytheismus in einem uralten Streit, bis der eine aufgeben musste, als das Sterben der Götter begann und die Landschaften verwaist zurückließ.

An seine Stelle traten nun die Wissensformen und die vernünftigen Theoreme. Auf sie können wir uns seither berufen, weil es einen Ort gab, an dem sie ans Licht geholt wurden, eine geistige Goldreserve. Noch immer sagen wir Akademie, wenn wir uns daran erinnern. Gemeint ist die von Platon ins Leben gerufene Philosophenschule mit Sitz in Athen. Sie war der Ausgangspunkt, Vorbild aller Universitäten und Gelehrtenausbildungsstätten weltweit. Nach Platon kam Aristoteles, der Philosoph mit dem größten Aufgabenspektrum; von ihm stammt der Plan zu einem Aufbau des Lehrgebäudes in Fächern. Aus den Büchern des Aristoteles sind ganze Disziplinen der Wissenschaft hervorgegangen, mit ihm wurde der forschende Geist systematisch. So gab es seit dem dritten vorchristlichen Jahrhundert bereits Ethik, Physik, Logik, Psychologie, Medizin, Politologie, Zoologie, Botanik und Geografie. Womit ich, in einem Flug über zweieinhalb Jahrtausende, wieder bei meiner Erdkundestunde angelangt bin – bei dem verlockenden Blau auf der Landkarte, mit dem alles anfing.

Im Mittelmeerraum wurde die Mathematik geboren, hier entstand die Philosophie

Man könnte sagen, das Mittelmeer war die älteste Gesamtuniversität – die einzige in den Tausenden Blautönen von Wasser und Himmel. Es war hier, in Rufweite des Meeres, dass die ersten öffentlichen Bibliotheken entstanden – und aus Ungeduld wieder verbrannten, wie die von Alexandria. Es gibt keinen schlagenderen Beweis für die Wirksamkeit universeller Ideen als das Beispiel, das von seinen Ufern ausging. In diesem Hesperien wird man den Anfang der geistigen Revolution lokalisieren müssen, die seither über den Globus fegt. Mit letzter Bestimmtheit lässt sich nicht sagen, weshalb sie gerade hier, im durchaus überschaubaren Radius einer Halbinsel (der Peloponnes) und zahlreicher kleiner verstreuter Inseln, ausbrach. Vermutlich hilft die Gegenwart eines Meeres dem sesshaften Geist einfach leichter auf die Sprünge. Vielleicht sind Mobilität, ein reger Austausch zwischen den eigenen, weit auseinandergerissenen Siedlungen gute Voraussetzungen, Unmündigkeit und Denkfaulheit zu überwinden. Aber müsste die Weltweisheit dann nicht in der Südsee zu Hause sein?

Der Historiker Fernand Braudel schrieb am Beispiel der Epoche Philipps II. von Spanien eine Universalgeschichte des Mittelmeerraums. In seiner monumentalen Studie entwickelt er ein Modell, das als Panorama manche Tröstung bereithält. Er führt die Lehre von den drei Zeitebenen der Geschichte ein. Die unterste, stets zugrunde liegende, ist die Erdgeschichte, das Drama der Landschaften, vulkanisch und neptunisch zugleich. Auf sie folgt die zweite, eine Historie der langen Dauer in den großen Bögen von Kultur, Ökonomie, Regierungswechseln. Thema des Geschichtsunterrichts: das politische und soziale Leben der Völker, messbar in den Jahrhunderten ihres Aufstiegs und Niedergangs. An der Oberfläche dümpelt die Ereignisgeschichte dahin, eine dichte Abfolge von Zufall, Krise und Terror, der mehr oder minder fragile Alltag, Stoff für die „Tagesthemen". Touristen wären demnach Leute, die aus der dritten Ebene saisonweise zurück in die erste düsen, weil ihnen die zweite die ökonomischen Voraussetzungen dazu liefert. Doch träumen sie noch immer davon, am Ziel mehr als nur Infrastruktur vorzufinden, nämlich das zeitlose Schauspiel von Naturerscheinungen, für die das Meer als Garant herhalten muss. Der westliche Mensch ist das Wesen, das nach dem Bedeutungsloswerden aller Geschichte hofft, zu gewissen Stunden in eine Zeit vor aller Geschichtszeit zurückzukehren. Aber die Dichter sind nicht dazu da, ihm dabei zu helfen.

Um die Herrlichkeiten des Mittelmeers gebührend zu feiern, brauchte es den Prosapinsel eines Schriftstellers, der nicht nur ein guter Beobachter und Naturschilderer war, sondern auch ein Universalgelehrter alter Schule – einen wie Jules Michelet. Aus seiner Feder stammt der schönste, der sachlichste Lobeshymnus, ein Divertimento aller künftigen mediterranen Ozeanografie.

Zwei Charakterzüge vor allem verleihen dem Mittelmeer seine Schönheit: sein harmonischer Rahmen und die Lebendigkeit und Transparenz der Luft und des Lichts. Es ist ein blaues, sehr bitteres, sehr salziges Meer. Es verliert durch die Verdunstung dreimal so viel Wasser, als es durch seine Flüsse dazugewinnt. Es bestünde nur noch aus Salz und würde so bitter wie das Tote Meer, wenn unterseeische Strömungen, wie die von Gibraltar, es nicht unablässig durch die Wasser des Ozeans temperierten.

Alles, was ich von seinen Ufern gesehen habe, war schön, aber ein wenig herb. Nichts Vulgäres. Die Spur der unterirdischen Feuer, die man überall findet, seine düsteren, plutonischen Felsen sind nie langweilig, wie die langen Sanddünen oder die wässrigen Sedimente der Steilfelsen. Wenn auch die berühmten Orangenhaine etwas monoton erscheinen, so entzücken einen in den geschützteren Winkeln doch die afrikanische Vegetation, die Agaven und Kakteen, in den Feldern die köstlichen Hecken, in welchen die Myrten und der Jasmin vorherrschen, und nicht zuletzt die wohlriechenden Landrücken mit ihren wilden Parfümen. Blickt man nach oben, so folgen einem auf der Reise allerdings meist kahle und sterile Berge am Horizont. Ihre langen Ausläufer, ihre mächtigen Wurzeln, die ins Wasser hinunterlaufen, lassen sich bis auf den Grund des Meeres verfolgen. Der Taucher weiß, wovon hier die Rede ist. Er kennt die Fortsetzung des Geländeprofils auf dem Meeresboden aus eigener Anschauung. Er wäre, wenn er die Augen schließt und sich auf den Grund sinken lässt, der Erste, der sich das Wasser fortdenken kann.

Durs Grünbein, geboren 1962 in Dresden, ist vielfach ausgezeichneter Lyriker, Essayist und Übersetzer. Der Georg-Büchner-Preis-Träger von 1995 ist den mediterranen Gestaden unlängst ein gutes Stück näher gekommen. Er lebt seit vergangenem Jahr mit seiner Famlie in Rom.
Christian Schellewald, geboren 1962 in Essen, studierte Visuelle Kommunikation und ist heute Produktionsdesigner, Art-Direktor und Konzeptkünstler in Los Angeles. Er ist auf jeden Musenkuss vorbereitet, denn stets begleitet ihn sein Skizzenbuch. Schellewald lebt mit seiner Frau – auch sie eine Illustratorin – nahe Hollywood.

Regelmäßig Meer.

Abonnieren Sie **mare** und sichern Sie sich 3 Ausgaben zusätzlich gratis! Einfach auf nebenstehender Postkarte 3 Hefte ankreuzen und heute noch absenden. Noch mehr Hefte finden Sie zur Auswahl unter **www.mare.de**.

Zusätzlich zu **mare** – der Zeitschrift – gibt es auch die Möglichkeit, **mare**-Kalender und/oder **mare**-Bildbände im Abonnement zu beziehen.
Beide erscheinen einmal jährlich im Herbst.

Der **mare**-Bildband „Antarktische Wildnis. Südgeorgien“

von Thies Matzen und Kicki Ericson.

Format: 30 mal 26 Zentimeter, 168 Seiten.
Im Abonnement zahlen Sie für den Bildband nur 49 € / 84 CHF statt 58 € / 98 CHF.

Der **mare**-Kalender „Meeresblicke 2015“

Format: 82 mal 58 Zentimeter.
Im Abonnement zahlen Sie für den Kalender nur 40 € / 69 CHF statt 49 € / 84 CHF im Einzelkauf.

Bitte ausreichend freimachen, falls Briefmarke zur Hand

Antwort

mare-Service
Postfach 11 10 11
20410 Hamburg

Regelmäßig Meer.

Abonnieren Sie mare und sichern Sie sich 3 Ausgaben zusätzlich gratis! Einfach auf der Postkarte vorne 3 Hefte ankreuzen und heute noch absenden.

Sie können auch zusätzlich die mare-Bildbänd und/oder die mare-Kalender im Abonnement beziehen.

+

+

mare kennenlernen

◯ **Ich möchte mare kennenlernen.** Ich erhalte die nächsten drei Ausgaben für nur **20 € / 34 CHF** statt **28,50 € / 49,50 CHF.** Sollte ich zwei Wochen nach Erhalt des dritten Heftes nichts von mir hören lassen, möchte ich **mare** im Abonnement frei Haus für mindestens ein Jahr geliefert bekommen. Ich erhalte dann **mare** zum Vorteilspreis von **51,30 € / 91 CHF** und spare 10 % gegenüber dem Einzelkauf.

MA14-001/107

Das mare-Abo

◯ **Ich möchte mare abonnieren.** Ich erhalte dann sechs Ausgaben von **mare** zum Vorteilspreis von **51,30 € / 91 CHF** im Jahr frei Haus und spare damit 10 % gegenüber dem Einzelkauf. **MA14-002/107**

Zusätzlich zu den 6 mare-Ausgaben

◯ erhalte ich einmal im Jahr den **mare**-Bildband*
zum Vorteilspreis von **49 € / 84 CHF** statt **58 € / 98 CHF** frei Haus **MA14-003/107**

◯ erhalte ich einmal im Jahr den **mare**-Kalender*
zum Vorteilspreis von **40 € / 69 CHF** statt **49 € / 84 CHF** frei Haus **MA14-004/107**

◯ erhalte ich einmal im Jahr **mare**-Kalender* und **mare**-Bildband*
zum Vorteilspreis von **89 € / 153 CHF** statt **107 € / 182 CHF** frei Haus **MA14-005/107**

Das Abonnement kann ich nach Ablauf des ersten Jahres jederzeit kündigen, zu viel gezahlte Beträge werden zurückerstattet. Die Zusendung meines Dankeschöns in Form von drei schon erschienenen **mare**-Heften erhalte ich nach Zahlungseingang.

* Wenn Ihre Abobestellung mit dem **mare**-Bildband/**mare**-Kalender bis zum 31. 1. 2015 bei uns eingeht, erhalten Sie als erste Ausgabe den Bildband „Antarktische Wildnis. Südgeorgien" beziehungsweise als ersten Kalender „Meeresblicke 2015".

Zahlungsweise

◯ Ich zahle bequem per Bankeinzug. (Die Einzugsvollmacht kann jederzeit widerrufen werden und erlischt automatisch bei Ende des Abonnements. Gilt nur in D.)

IBAN

Ihr Vorname, Name

Straße, Hausnummer

Land, Postleitzahl, Wohnort

Datum, Ort

E-Mail

Unterschrift

Telefon

Widerrufsrecht: Die Bestellung können Sie innerhalb von 14 Tagen nach Lieferbeginn ohne Begründung per Post an: **mare**-Service, Postfach 11 10 11, 20410 Hamburg, oder per Mail an: service@abo.mare.de widerrufen. Zur Fristwahrung genügt die rechtzeitige Absendung. Ein vorgefertigtes Widerrufsformular können Sie sich gerne unter www.mare.de/widerruf herunterladen.

Alle **mare**-Abonnements können Sie auch telefonisch bestellen unter **+49/(0)40/3007-3536** oder per Fax unter **+49/(0)40/3007-85 3536** oder im Internet unter **www.mare.de**.

Ihre Vorteile:

- Pünktliche Lieferung aller **mare**-Produkte frei Haus.
- Sie sparen jedes Jahr bis zu 20 % gegenüber dem Einzelkauf.
- Sie können Ihr Abonnement nach Ablauf eines Jahres jederzeit kündigen.
- Als Abonnent erhalten Sie zusätzlich zu den Heften in regelmäßigen Abständen unsere Hausnachrichten mit den „Geschichten hinter den Geschichten" – Spannendes, Erstaunliches, Erzählenswertes aus der Welt der **mare**-Reporter.

Übrigens:

Mit der dem Heft beiliegenden Geschenkabo-Karte können Sie **mare**-Hefte und **mare**-Kalender und/oder **mare**-Bildbände natürlich auch praktisch verschenken.

Der inszenierte Aufstand

Im Ersten Weltkrieg schrieb ein junger Autor ein kritisches Stück über ein Seegefecht im Skagerrak. Reinhard Goerings „Seeschlacht" war Skandal und Erfolg zugleich – und der Admiralität ein Dorn im Auge

Von Holger Teschke

Reinhard Goering, Autor der erfolgreichsten und umstrittensten Tragödie über den deutschen Seekrieg mit Großbritannien im Frühjahr 1916, ist heute so gut wie vergessen. Dabei provozierte die „Seeschlacht" bei ihrer Uraufführung 1918 in Dresden wütende Proteste. Noch im selben Jahr allerdings wurde das Stück unter der Regie von Max Reinhardt am Deutschen Theater in Berlin mit Emil Jannings, Werner Krauß, Conrad Veidt und Paul Wegener zu einem gefeierten Erfolg. Zwar war ein Vertreter der Kaiserlichen Admiralität bei den Proben anwesend und notierte gewissenhaft alle „defätistischen Äußerungen", doch die Seekriegsleitung erhob keinen Einspruch gegen die Aufführung. Offenbar wollte man dem Stück durch ein Verbot nicht noch größere Aufmerksamkeit zukommen lassen. Die Kritik war beeindruckt und feierte den jungen Autor, der noch vor der Premiere die Ehrengabe der Dramatikergilde „Junges Deutschland" überreicht bekam.

„Seeschlacht" erzählt die Geschichte von sieben Matrosen im Panzerturm eines Kriegsschiffs, das ins Skagerrak ausläuft, wo am 31. Mai 1916 das einzige große Seegefecht zwischen der deutschen und der britischen Hochseeflotte begann. Goering beschreibt detailliert den mörderischen Verlauf der Schlacht, obwohl er deren Einzelheiten nur aus einem Bericht kannte. Dennoch gelang es ihm, die Schrecken dieses Gefechts zwischen zwei der modernsten Kriegsflotten Europas und ihre Auswirkung auf die beteiligten Seeleute in eine bildkräftige Bühnensprache zu übersetzen. Gerade dadurch wurde der Jubel über den angeblichen Triumph der kaiserlichen Marine, den die deutsche Presse wochenlang gefeiert hatte, infrage gestellt. Das war im März 1918, mitten in der Diskussion über den letzten Einsatz der Flotte gegen die Alliierten, eine ungeheure Herausforderung. Die Matrosen, die Autor Goering und Regisseur Reinhardt auf die Bühne brachten, waren keine wilhelminischen Seehelden, sondern Suchende, eingeschlossen hinter Stahlwänden und den Entscheidungen ihrer Offiziere ausgeliefert.

Den Widerspruch zwischen öffentlicher Wahrnehmung und realen Begebenheiten benannte Goering in einer der wenigen überlieferten Bemerkungen zu seinem Stück: „Darin zeigt sich eben die Hauptschuld vieler Deutscher: der Mangel an Unterrichtetheit über die eigene Zeit."

Die Matrosen, die Autor Goering und Regisseur Reinhardt auf die Bühne brachten, waren keine wilhelminischen Seehelden, sondern Suchende, eingeschlossen hinter Stahlwänden und den Entscheidungen ihrer Offiziere ausgeliefert

Die Tragödie beginnt mit einem Schrei, der sich am Ende des Stückes, wenn der zerschossene Panzerturm voller toter Matrosen ist, wiederholen wird. Einer der Seeleute fragt zu Beginn: „Was die oberen Mächte wohl mit uns wollen?" Aber als Antwort schlägt ihm nur Hohn entgegen. Reinhard Goering nimmt im Verlauf des Stückes jene Meutereien vorweg, die in den Häfen von Kiel und Wilhelmshaven Ende Oktober 1918 tatsächlich ausbrachen.

Als die Besatzungen der Schlachtschiffe damals begriffen, dass ihre Offiziere die Aufopferung der Flotte planten, erschallte der Ruf „Feuer aus den Kesseln!", und es bildeten sich die ersten Matrosenräte. Obwohl die Anführer der Meutereien vor Kriegsgerichte gestellt und die Matrosen Albin Köbis und Max Reichpietsch standrechtlich erschossen wurden, konnten die Mannschaften das Auslaufen der Schiffe im letzten Augenblick verhindern. Sie wurden in der Novemberrevolution zur Avantgarde der revolutionären Bewegung und gründeten in Berlin die erste „Volksmarine-Division".

Die deutsche Flotte auf der Fahrt ins Skagerrak. 8600 Matrosen starben in der größten Seeschlacht des Ersten Weltkriegs

Goering zeigt in seiner „Seeschlacht" aber auch eine Entwicklung, die schon auf das Scheitern der nahenden Revolution hinweist. Ausgerechnet der fünfte Matrose, der vor Beginn der Schlacht das Wort „Meuterei" als Erster ausspricht, wird im Verlauf des Gefechts zum fanatischen Kämpfer und verlangt Gleiches auch von seinen erschöpften Kameraden. Zu Beginn des Stückes fragt er: „Kann nicht Wahnsinn herrschen unter einem ganzen Volk / und denen, die es leiten?" Gegen Ende der Schlacht kommen ihm wieder Zweifel. „Ich habe gut geschossen, wie? / Ich hätte auch gut gemeutert! Wie? / Aber schießen lag uns wohl näher? Muss uns wohl näher gelegen haben?" Eine Frage, die auch 100 Jahre nach der Entstehung des Stückes nichts von ihrer Tragweite verloren hat.

Mit dem zweiten Seestück „Scapa Flow" griff Goering 1919 das Thema des deutschen Seekriegs noch einmal auf. Die Selbstversenkung der kaiserlichen Flotte vor der Küste der Orkneyinseln, wo die Royal Navy „des Kaisers liebstes Spielzeug" an die Kette gelegt hatte, wurde von der Marineführung als letzte große Heldentat des Weltkriegs bejubelt. Da befand sich Wilhelm II. schon im holländischen Exil und schrieb eifrig mit an der „Dolchstoßlegende", nach der Heer und Marine nicht von den Alliierten besiegt, sondern von „Verrätern an der Heimatfront" um den Sieg gebracht worden waren.

Dass der Rheinländer Goering, der niemals ein Kriegsschiff betreten hatte, das Thema des modernen Seekriegs gleich zweimal für das Theater aufgriff, lag vielleicht an seinem Interesse für das Verhalten von Menschen in Situationen von extremer Isolation und Gefahr. Gerade dann, so seine Hoffnung, könne ein Gegenentwurf zu einer Welt voller Gewalt und Krieg gedacht werden: „Das Andere, das zwischen Mensch und Mensch sein kann." Der dritte Matrose erzählt in der „Seeschlacht" kurz vor Ausbruch des Kampfes von einem Landgang auf Samoa: „Wir waren da drei Tage. / Da war uns allen, / Als wären wir bis dahin Irrsinnige gewesen, / Beladen mit ganz wertlosem Ballast, / darunter keuchend." In ihren stärksten Passagen erreicht Goerings Sprache die Prägnanz der Neuen Sachlichkeit und erinnert an Brechts „Fatzer"-Fragment. Dadurch wird die „Seeschlacht" zu einem der ersten deutschen Theaterstücke, das die Auswirkungen der industriellen Kriegsführung auf die Bühne bringt.

Reinhard Goerings Lebensweg endete tragisch. Nach Wanderungen durch ganz Deutschland und einem buddhistischen Einsiedlerleben in Ascona versuchte er sich als Arzt in Braunschweig und lebte zeitweise in psychiatrischen Anstalten in Königslutter und Heidelberg. 1930 hatte er mit seinem Stück „Die Südpolexpedition des Kapitäns Scott" einen letzten Erfolg, für den er mit dem Kleist-Preis ausgezeichnet wurde. Aber wie seine Figuren schwankte auch er zwischen den politischen Extremen, war nacheinander Mitglied in der NSDAP und in der KPD und beging 1936 bei Jena Selbstmord. Seine sprachlich und politisch visionäre „Seeschlacht" wartet noch heute auf ihre Wiederentdeckung im Theater.

Holger Teschke, Jahrgang 1958, lebt als Autor und Regisseur in Berlin und Massachusetts. Zuletzt schrieb er in **mare** *No. 99 über Georg Büchner als Ichthyologen.*

mareRadio

Jeden ersten Sonntag im Monat im Nordwestradio

VISIONEN

Sonntag, 7. Dezember 2014, 11.05 Uhr, Nordwestradio.
Wiederholung: 13. Dezember, 16.05 Uhr

Auf die Bedrohungen für das Ökosystem Meer wird zu Recht immer wieder hingewiesen. **mareRadio** kümmert sich auch um die Chancen, die es noch gibt, darum, was getan werden kann, was getan werden muss. Außerdem blicken wir auf die Zukunftserwartungen von Handel, Seefahrt und Logistik in einer zunehmend globalisierten und vernetzten Welt. Aber das Meer ist auch Anlass für Visionen anderer Art – die unerwünschten, die mancher Seemann früher nach 30 Tagen Flaute durchlitt, und die erwünschten, die sich einstellen, wenn der Anblick des Meeres uns die Seele öffnet.

UNTERWEGS

Sonntag, 4. Januar 2015, 11.05 Uhr, Nordwestradio.
Wiederholung: 7. Januar, 21.05 Uhr

Einst reichten ein paar Visitenkarten, um Kontinente zu bereisen. Dann gerieten die alten Ordnungen außer Kraft. Mit dem Ende der Kolonialzeit begannen Völkerwanderungen ungeahnten Ausmaßes. Hunderttausende brachen auf in Richtung der „Mutterländer", getrieben von Hoffnungen. Ihnen folgten Millionen, die nichts zu retten hatten als das nackte Leben. **mareRadio** spürt den Träumen, Hoffnungen und Ängsten all derer nach, die aufbrechen zu fremden Ufern. Passagiere aus aller Welt erzählen vom Scheitern oder auch vom großen Glück. Wie immer mit dabei: die Wissenschaft, Musik und Käpten Cook.

Termine

AHRENSHOOP
Wintervergnügen
Musik von Jazz bis Klassik, heiße Getränke und ein warmes Feuer. 28.–30.12.2014, 11–17 Uhr, Wiese an der „Alten Schule". www.ostseebad-ahrenshoop.de

AMSTERDAM (NED)
Light Festival
Die besten Lichtkünstler aus dem In- und Ausland verzieren die Grachten. 5.12.2014–18.1.2015. www.amsterdamlightfestival.com

BERLIN
Die Welt der Wikinger
Die Ausstellung zeigt u.a. das größte bekannte Kriegsschiff der Wikinger mit 37 Meter Länge. Bis 4.1.2015, Mo–So 10–19 Uhr, Di geschlossen, Martin-Gropius-Bau. www.wikinger.smb.museum

BREMERHAVEN
Von der Lutherbibel zur Gaunergeschichte
Bücher für deutsche Einwanderer in Amerika 1728–1946. Kabinettausstellung über die Geschichte des deutschen Verlagswesens in Amerika. Führung durch die Dauer- und Buchausstellung: 6.12.2014, 15 Uhr, Deutsches Auswandererhaus. www.dah-bremerhaven.de
Frankreich und die Neue Welt
Kammerkonzert Philharmonisches Orchester Bremerhaven. Werke von Camille Saint-Saëns, Darius Milhaud, Claude Debussy, Francis Poulenc u.a.; 19.1.2015, 20 Uhr, Karten unter Tel. 0471/482060 oder an der Abendkasse. Historisches Museum. www.historisches-museum-bremerhaven.de

CUXHAVEN
Duhner Festtagsmarkt
Der Treffpunkt für Cuxhavener und Gäste zwischen den Jahren zu einem Glas Punsch. 25.12.2014–4.1.2015, 13–15 Uhr, Strandpromenade Duhnen. www.tourismus.cuxhaven.de

Veranstaltungshinweise an:
mare-Termine
Wiebke Böse
Sandthorquaihof, Pickhuben 2
20457 Hamburg
Fax: 040/369 859 99
E-Mail: termine@mare.de
Redaktionsschluss für die nächste Ausgabe: 12.1.2015

DÜSSELDORF
boot 2015
Weltmesse des Wassersports von Megayachten bis zu den neuesten Trendsportarten. 17.–25.1. 2015, 10–18 Uhr, Messeplatz. www.boot.de

FRANKFURT AM MAIN
WeegeeWeegee: Souls of the Unrepentant – Mermaids and Molluscs
Ausstellung mit Collagen des in London lebenden Künstlers WeegeeWeegee, in denen Meerjungfrauen und Mollusken zu surrealen erotischen Phantasmagorien verschmelzen. Bis 31.1.2015, Mi–Fr 16–19, Sa, So 14–19 Uhr. Kunstverein Familie Montez, Honsellbrücke am Hafenpark. www.kvfm.de

GRANDCAMP-MAISY (FRA)
Fête de la Coquille Saint-Jacques
Jakobsmuschelfest. Neben dem Verkauf von Jakobsmuscheln gibt es Konzerte, Kochdemonstrationen und Feuerwerk. 6./7.12.2014, 10–18 Uhr, Hafen. www.isigny-grandcamp-intercom.fr

GREENWICH (GBR)
Ships, Clocks & Start: The Quest for Longitude
Ausstellung zum 300. Jahrestag des „Longitude Act" von 1714. Erzählt wird die Geschichte der Suche nach dem Längengrad auf See, um die Gefahren der fehlerhaften Navigation endlich zu beenden. Bis 4.1.2015, täglich 10–17 Uhr, National Maritime Museum. www.rmg.co.uk

HAVANNA (CUB)
30th Havana Jazz Festival
Renommiertes Open-Air-Latin-Jazz-Festival mit den besten Künstlern des Latin Jazz unter der Leitung von Chucho Valdes. 18.–21.12.2014, Casa de la Cultura de Plaza und entlang der Meerpromenade Malecón. Tickets und Line-ups: www.authenticubatours.com

HELGOLAND
Shantys mit den Karkfinken
Beschwingter Abend in gemütlicher Atmosphäre, 29.12.2014, 20 Uhr, Eintritt frei, Reservierung erbeten: Tel. 04725/811163, Falm-Café. www.helgoland.de

LOS ANGELES (USA)
Nature and the American Vision: The Hudson River School
Ausstellung amerikanischer Landschaftsmalerei des 19. Jahrhunderts von Thomas Cole, Asher B. Durand u.a. 7.12.2014–7.6.2015, Mo, Di, Do 11–17 Uhr, Fr 11–8 Uhr, Sa, So 10–19 Uhr, Los Angeles County Museum of Art. www.lacma.org

MANNHEIM
Von Atlantis bis heute
Beben, Vulkanausbrüche, Tsunamis, Überschwemmungen, Stürme: Ausstellung zum Thema Katastrophe und dem menschlichen Umgang mit ihr. Bis 1.3.2015, Di–So 11–18 Uhr, Museum Weltkulturen, Reiss-Engelhorn-Museen. www.rem-mannheim.de

MOUSEHOLE (GBR)
51st Harbour Lights
Bezauberndes Weihnachtslichtspiel in Mousehole und am Hafen. Weihnachtssingen zum Start am 13.12., 19.30 Uhr, Eingang North Quai. 14.12.2014–3.1.2015, 17–23 Uhr. www.mouseholelights.org.uk

OOSTENDE (BEL)
De Zee. Salut d'honneur Jan Hoet
Herausragende Großausstellung zur Meeresmalerei aus der gesamten Kunstgeschichte, zugleich letztes Projekt eines der besten Ausstellungsmacher unserer Zeit, Jan Hoet, der im Februar 2014 verstorben ist. Bis 19.4.2015, Di–So 10–18 Uhr, Mu.ZEE, www.dezee-oostende.be

WYK AUF FÖHR
Erstmal: Super Küstencartoons und 1A Inselwitze
30 renommierte und vielfach ausgezeichnete Cartoonisten und Comiczeichner präsentieren in dieser Ausstellung ihre Arbeiten zum Motto „Erstmal: Super Küstencartoons und 1A Inselwitze", kurtiert von Jörg Stauvermann. Bis 10.1.2015, Di–So 14–17 Uhr. Dr.-Carl-Häberlin-Friesen-Museum. www.friesen-museum.de

ZÜRICH (CHE)
Bilderwahl! Monolithic Water

Mit Werken von James Ensor über Gerhard Richter bis zu Roni Horn geht das Kunsthaus Zürich in dieser Ausstellung dem Element Wasser in der Kunst nach. Seit je fordern Farbspiel, Lichtreflexe und Flimmern der Meeresoberfläche die künstlerische Kraft heraus. „Monolithic Water" stellt das malerisch und fotografisch untersuchte Phänomen der Wasseroberfläche und den Bezug des Menschen zum Wasser in den Mittelpunkt. Werkgruppen erkunden etwa den Narzissmythos, widmen sich der „Horizontverschiebung: von fest zu flüssig" wie etwa bei Morris Louis' „Parting of Waters" (Foto) oder zeigen unseren Umgang mit der Ressource.
Kunsthaus Zürich, Heimplatz 1. Bis 1. März 2015, Fr–So, Di 10–18, Mi, Do 10–20 Uhr. www.kunsthaus.ch

mare TV

Jeden ersten und dritten Donnerstag im Monat im NDR Fernsehen

BERMUDA
4. Dezember 2014, 20.15 Uhr, NDR Fernsehen
Gut 1000 Kilometer vor dem amerikanischen Festland liegt Bermuda. „Teuflische Inseln" nannten sie die spanischen Seefahrer, die hier auf Korallenriffen strandeten. Die Briten ließen sich davon nicht abhalten und nahmen sich die Inselgruppe zur Krone. Durch seine Lage ist Bermuda beliebt als Stopover für Transatlantikfahrer – vor allem Luxusyachten nutzen die Inseln gerne für einen ersten Landfall. Noch heute pflegt man auf Bermuda den „British way of life". In Shorts und Kniestrümpfen – über deren Formalität Ian Jones, der als Schneider im „English Sports Shop" arbeitet, wacht, denn Wollkniestrümpfe und feinstes Schuhwerk sind hier ein „must" – und mit militärischem Zeremoniell feiern die Einwohner den Geburtstag der Queen, kämpfen für das Überleben einer schon für tot erklärten Vogelart, bauen in Gemeinschaftsgärten Gemüse an und holen sich ihr Trinkwasser vom Dach.

MURMANSK
18. Dezember 2014, 20.15 Uhr, NDR Fernsehen

MARTINIQUE
15. Januar 2015, 20.15 Uhr, NDR Fernsehen

Ursula Harter:
„Aquaria in Kunst, Literatur & Wissenschaft“,
Kehrer, Heidelberg, 2014,
256 Seiten, 201 Farbabbildungen,
39,90 Euro

Der domestizierte Ozean

Nicht nur für Aquarianer ein lehrreiches Vergnügen: die Geschichte künstlicher Unterwasserwelten als opulentes Lese- und Bilderbuch

DIE WELT UNTER WASSER ÜBT EINE große Faszination auf den Menschen aus. Ob wir Landbewohner das Submarine nun eher fürchten oder lieben – das Aquarium als „Meer im Glas“ erschuf die Möglichkeit, das Wasser und seine Bewohner zu domestizieren. Gänzlich ungefährlich erlaubt es einen neugierigen Blick durch die Scheibe auf das Ungeheuerliche.

Die Geschichte der künstlichen Unterwasserwelten aber ist mindestens ebenso fesselnd. Sie ist Kultur-, Gesellschafts- und Wissenschaftshistorie zugleich, wie Autorin Ursula Harter auf circa 250 opulent ausgestatteten Seiten sehr lebendig und gleichzeitig verständlich erzählt. Die Zeitreise führt von den ersten häuslichen Aquarien, in denen Goldfische ihre Bahnen zogen, über die grassierende Aquarienmanie des 19. Jahrhunderts hin zu den Einflüssen, die die Unterwasserwelten auf Künstler und Literaten hatten. Über das Schaffen von Henri Matisse, Arnold Böcklin, Paul Klee, Jules Verne und vieler anderer ist in diesem Zusammenhang viel zu erfahren. Ein besonderes Lob gebührt zudem der Gestaltung des Buches. Mit Liebe zum Detail, reich verziert, ist „Aquaria“ nicht nur Lesevergnügen, sondern auch ein wunderbares Bilderbuch.

Eine Abbildung zeigt einen Stich des Eingangssaals des Pariser Meerwasseraquariums der Weltausstellung von 1867. Viele Menschen durchqueren festlich gekleidet den Raum. Er ist einer Grotte nachempfunden, an den Wänden stimmen Bilder von Meerestieren die Gäste auf die Welt unter Wasser ein. Die Ausstellung war offensichtlich gut besucht.

Der Ausbruch dieser Begeisterung lässt sich genau datieren. Mit der Eröffnung des ersten Schauaquariums, des „Fish House“ im Londoner Regent's Park, am 21. Mai 1853 begann die Erfolgsgeschichte. Wer etwas auf sich hielt, ging fortan in seiner Freizeit die Unterwasserwelt bestaunen. Dabei ging es nicht nur um Unterhaltung, sondern vor allem um Bildung. In Zeiten, in denen Darwins Evolutionstheorie Furore machte, bot sich das öffentliche Aquarium als Studierzimmer an. Auch zahlreiche Wissenschaftler machten davon Gebrauch. Für die Natur hatte der Boom damals schwerwiegende Folgen. Die an Seeanemonen reichen Küstenlinien Cornwalls und Devonshires waren bereits zu Beginn des Jahres 1870 geplündert.

Dem Raubzug an der Natur stellt Ursula Harter die künstlerische Beschäftigung mit der Unterwasserwelt entgegen. Etwa das Werk des Dokumentarfilmers Jean Painlevé, der als Pionier bahnbrechende Techniken des Filmens unter Wasser mithilfe von Aquarien entwickelte. In seinem 15-minütigen Film „L'hippocampe“ bekamen die Zuschauer Wundersames und bis dato vor der Welt Verborgenes zu sehen: Werben, Paarung, Schwangerschaft und Geburt von Seepferdchen, alles vor der laufenden Kamera des experimentierfreudigen Filmkünstlers.

Nicht jeder war bereit für so viel Wissen. In den USA erhielt der Film 1936 das Prädikat „unmoralisch“ und durfte nicht gezeigt werden.

Marc von Lüpke-Schwarz

Plakat des Royal Aquarium Westminster, um 1880

Les Maries:
„Wie weit ist weit weg“,
Jimmee Records/Groove Attack, 2014, eine CD, 45:30 Minuten

Miss Swinguette

Eine Chansonnière aus Hamburg bringt Meer ins Genre

ES IST EIN SCHÖNES KREUZ MIT dem Chanson unserer Tage. Einerseits scheint es ewig jung, da es beständig den Zeitgeist einzufangen weiß. Andererseits hat sich das Nouvelle Chanson im Mutterland Frankreich mit Protagonisten wie Coralie Clément, Benjamin Biolay oder Thomas Fersen derart schamlos Lounge-Pop oder Stilen wie *acousmatique* an den Hals geworfen, dass nicht nur Kulturpessimisten vorsorglich ihren Tonträgervorrat an Klassikern des edelsten Chansons aufstocken, nämlich aus der von Swing und Jazz geküssten Ära von 1930 bis 1960.

Wer ahnt da, dass ausgerechnet in Hamburg ein zartes Chansonblümchen blüht, in schönsten Farben, das Traditionalisten und Reformer gleichermaßen beglückt? Marie-Laure Timmich, Tochter einer Marseiller Mutter und eines Meck-Pommer Vaters, begnadet mit einem gefühligen, rauchigen Timbre, das an die große Mylène Farmer erinnert, und einer hemmungslosen Singfreude, hat mit ihrer Band Les Maries ein Album mit Chansons veröffentlicht, die ohne *Rive gauche*-Attitüde das ganze wahre Leben erzählen, auf Deutsch und Französisch, wie es sich für diese wunderbare Melange der Madame Timmich gehört, und die vor allem, was es für dieses Magazin doppelt charmant macht, vom Meer und von Häfen erzählen, von der Liebe, von Trunksucht und Sehnsucht, vom Mut der Emigranten und dem traurigen Streben nach dem Gold des Lebens. Das alles in liebevollsten Arrangements, eben nicht nur für Akkordeon, sondern auch für Ukulele, Glockenspiel, Banjo und Klarinette. *C'est chouette, ça!*

Karl Spurzem

Holger Teschke, Judith Schalansky (Hrsg.):
„Heringe“,
Matthes & Seitz, Berlin, 2014, 119 Seiten, 18 Euro

Kein kleiner Fisch

Geistreich und lange überfällig: eine Würdigung des Herings

DER HERING LAG MIR IMMER schon am Herzen. Ich kann gar nicht sagen warum. Und nun weiß ich endlich alles über ihn; mir fällt keine Frage mehr dazu ein. Ganz besonders angetan bin ich von seiner philosophischen Seite, endlich ist zu Papier gebracht, was ihn wirklich – mehr oder weniger unangetastet – durch die Meere bewegt. Als kleine Larve schlägt er sich wochenlang alleine durch und sammelt sich erst nach zwei Monaten in beachtlichen Schwärmen. „Ein Individualist im Kollektiv“ – wenn das keine Lebensaufgabe ist.

Kreuz und quer, wohl fast in jeder Lebenslage folgt Autor Holger Teschke dem Hering und zeigt unterhaltsam und klug, dass es gänzlich falsch wäre, diesen Fisch zu unterschätzen. Geografisch betrachtet ist der Hering nämlich durchaus ein Weltreisender, keineswegs nur ein Nordsee-Ostsee-Fisch. Geschichtlich hat er eindrucksvoll Epochen mitgeprägt. Einige Landstriche haben ihm großen Reichtum zu verdanken, was hin und wieder wirtschaftspolitische Auseinandersetzungen nach sich zog. „Amsterdams Pracht soll auf Heringsgräten erbaut worden sein.“ Historisch betrachtet ist er also ein Goldkind, kulinarisch ja sowieso – und längst in Feinschmeckerkreisen beliebt.

Von Seite zu Seite wird er mir sympathischer, dabei hatte er doch schon gewonnen. Neben all den Neuigkeiten ist auch das Buch, in dem sie zusammengetragen sind, ein kleiner Schatz. Beinahe möchte ich die drei Heringe auf dem Cover liebevoll streicheln, als die letzte Seite umgeschlagen ist.

Wiebke Böse

Josep Pla:
„Die Schmuggler“,
aus dem Katalanischen von Eberhard Geisler, Wagenbach, Berlin, 2014, 96 Seiten, 13,90 Euro

Sehr ruhige See

Der Katalane Josep Pla entspannt sich auf einer Schmugglerfahrt

„BEIM SCHREIBEN HANDELT ES SICH um eine derartig komplizierte Bedeutungslosigkeit, dass sie einen am Ende zugrunde richtet“, so Josep Plas katalanischer Icherzähler: „Jeder Vorwand kommt gelegen, um es eine Weile ruhen zu lassen.“ Klar also, dass er die Einladung zweier Fischer zu einem gemeinsamen Törn nach Cap Leucate gerne annimmt. Vorgeblich will man unterwegs mit Olivenöl handeln, insgeheim aber Fahrradersatzteile schmuggeln. Es entspinnt sich zunächst eine kulinarische Genusstour entlang pittoresker Hafenorte – bis sich das Schiff kurz vor dem Ziel einem aufkommenden Mistral stellen muss. Doch was wie eine Abenteuertour anklingt, dient dem Journalisten und Autor Pla (1897–1981) eher als Erzählung einer Enttäuschung, mit der Pla sich gegen die übermächtige abendländische Tradition stemmt.

Anstelle des ökonomischen Tauschwerts tritt die Erfahrung der Reise. Plas Schilderungen sind elegisch, ein Lob des Nichtstuns. Allein die Handgriffe an Bord machen Sinn. Denn „körperliche Anstrengung verjüngt“, so Pla, während geistige altern lässt. Für Pla, der weitgehend autobiografisch schrieb, blieb das Individuum wesentlich Natur; geistige Tätigkeit sollte sich nicht verselbstständigen. So liest sich auch der schmale Band „Die Schmuggler“ im Gegensatz zum Individualismus der Moderne als reine Beschreibung. Das verlangt heutigen, von Plots getriebenen Lesern einige Geduld ab, entlohnt aber mit dem, was man neudeutsch Entschleunigung nennt – damals wohl eher ein natürliches Verweilen im Betrachten.

Roland Brockmann

An dieser Stelle berichtet **mare** *regelmäßig über neue Bücher aus dem* **mare**-*Verlagsprogramm*

Nachdenken auf und über Usedom

Warum die Ostseeinsel dem Lyriker und Autor Uwe Kolbe das besitzanzeigende Fürwort gestattet. Ein Erklärungsversuch

AM ANFANG STAND DER „ATLAS der abgelegenen Inseln: Fünfzig Inseln, auf denen ich nie war und niemals sein werde" von Judith Schalansky. Ich war begeistert. Hier war ein Schnittpunkt von geografischer Ästhetik und romantischer Ironie Buch geworden. Zu Besuch in Hamburg, konnte ich diese Begeisterung direkt im **mare**verlag loswerden. Dort erfuhr ich auch von einer Buchreihe, zu der Autoren mit „ihren" Inseln beitragen könnten. Ob ich meinerseits nicht eine Insel hätte, über die ich schreiben wollte, lautete die Frage. Ich schwärmte von der schottischen Insel Jura, auf der George Orwell seinen Roman „1984" der Tuberkulose abgetrotzt hatte. Mein Gegenüber reagierte mit einem Stirnrunzeln. Ob nicht zum Beispiel Usedom näher läge und infrage käme.

Ja, gewiss, näher liegt es auf jeden Fall. Da war ich oft, ja. Da gibt es Erinnerungen und Zusammenhänge. Aber muss ich denn, und sei es für die freundlichsten Auftraggeber, immer wieder zurückreisen in die eigene Vergangenheit? Und außerdem, mein Usedom, nein, das gibt es nicht. Das wäre eine Anmaßung, sagte ich, gegenüber Kennern der Insel, da habe ich eine gewisse Scheu.

Die Scheu wurde mir ausgeredet. Der Vertrag kam mit der Post. Ich unterschrieb.

Mit zwei Pfunden konnte ich wuchern. Erstens war da die Erinnerung an eine Klassenfahrt im Februar 1972. Es bedurfte wenig, sie heraufzubeschwören. Insbesondere die grandiose Ansicht der zugefrorenen Ostsee stand mir sofort wieder vor Augen. Das scheinbar von außen initiierte, vor allem innerlich wüste Erleben eines 14-Jährigen war sicher für Leserinnen und Leser nachvollziehbar. Und zwar – dachte ich, und es war mir sehr wichtig – nicht nur für solche unter ihnen, die ihre eigenen Erfahrungen unter denselben gesellschaftlichen Verhältnissen gemacht hatten wie ich. So wurde es ein Vergnügen, die frühe Erfahrung schreibend heraufzuholen, das hieß, ehrlich gesagt, sie zu erfinden.

Zweitens ging es um Vineta. Das klingt jetzt etwas schlicht. Die Ostseesage war mir seit Kindertagen vertraut. Erst auf Lesungen mit dem Gedichtband „Vineta", ab 1998, wurde mir vor Augen geführt, dass nicht alle großen Sagen allen im Land vertraut sind wie etwa Grimms Märchen. Von den Brüdern Grimm wusste ich, dass eine Sage meist ihren lokalen Kern beibehielt, während das Märchen ihn eher verlor. So kannten in Baden und Bayern die Leute den Ritt über den Bodensee besser als die Stadt auf dem Grund der Ostsee. Es war also gar nicht schlicht.

Als ich ziemlich rasch den Untertitel fand – Abschied von Vineta –, legte ich damit fest, dass es auch um eine Auseinandersetzung mit meinem eigenen Werdegang als Schriftsteller gehen müsste. Ich ging sogar so weit, dass ich in dem Buch das Gleichnis abstreifen wollte, was ich noch eben in Gedichten und Essays immer wieder variiert und angereichert hatte. Ich wollte mir über die Metapher der versunkenen Stadt klar werden und sie hinter mir lassen.

Uwe Kolbe:
„Mein Usedom",
128 Seiten,
18 Euro

Nach einem Gesprächspartner für meinen Helden musste ich nicht lange suchen. Ich arbeitete nach klassischer Vorlage, nach dem Mephisto aus Goethes „Faust". Und dass der Advocatus diaboli, der Vertreter des Bösen auf der Insel Usedom nur einen ganz bestimmten Namen tragen konnte, stand außer Frage. Zwischen dem Wiedergänger Wernher von Brauns, des leitenden Konstrukteurs des NS-Raketenprogramms in Peenemünde und späterem Wegbereiter der amerikanischen bemannten Raumfahrt, und K., in dem unschwer der Autor auszumachen ist, entspannen sich zunehmend ernsthafte Dialoge. Darin erfahren die Leser mehr als Allgemeinplätze zum Leben des Ingenieurs, und zugleich sind sie Zeugen des Wandels eines Schriftstellers, der sich im Nachdenken auf und über Usedom vollzieht.

Warum dort, warum auf Usedom, warum bei so viel Sand und Sonne so viel Ernsthaftigkeit? Das lag an der größten Entdeckung, die ich während der Arbeit machte. Inmitten der Recherchen, die weit über den Umriss der Insel hinausgingen, schon beim Schreiben, begriff ich, dass keine deutsche Insel in ihrer eigenen Geschichte Glanz und Elend des 20. Jahrhundert so abbildet wie diese.

Was mich selbst ausmacht, Prägungen, Gegenstände, an denen sich mein Geist abarbeitete, sie fanden sich hier wieder, wie in einem Brennglas. Keine andere Insel hätte mir die Darstellung einer Krise und ihrer literarischen, damit auch spielerischen Überwindung so gestattet wie diese. So wurde sie mein Usedom. Von der späten Liebesgeschichte ganz abgesehen, mit Happy End.

Uwe Kolbe

THALIA

Thalia Theater Hamburg:
„Deutschstunde",
nach dem Roman von
Siegfried Lenz;
Regie: Johan Simons,
Darsteller: Franziska Hartmann,
Jens Harzer, Jörg Pohl u.a.,
www.thalia-theater.de

„Starke Bilder, die Lenz geschaffen hat"

Der holländische Regisseur Johan Simons bringt am Hamburger Thalia Theater Siegfried Lenz' Roman „Deutschstunde" auf die Bühne

mare: *Herr Simons, Sie haben Siegfried Lenz noch persönlich kennengelernt. Wie war diese Begegnung?*
Simons: Es war sehr schön, ihn zu treffen. Unser Gespräch drehte sich gleich um das Meer und um die Küstenlandschaft, die er in der „Deutschstunde" beschreibt. Sie ist der holländischen sehr ähnlich. Wir haben lange darüber geredet, was den Reiz dieser Landschaft ausmacht. Sie hat körperliche Auswirkungen. Zumindest bei mir. Wenn ich 14 Tage in München bin und die Deiche nicht gesehen habe, dann habe ich total Heimweh.

Wie hat Lenz darauf reagiert, dass Sie den Roman auf die Bühne bringen wollen?
Er war sehr offen. Er wollte auch zur Premiere kommen, aber leider ist er nun verstorben. Am Dienstag, den 7. Oktober waren wir gerade bei unserer ersten Leseprobe, da erhielten wir die Nachricht von seinem Tod. Wir fragten uns: Was machen wir jetzt? Und haben weitergelesen. Eigentlich ist es schön, dass an seinem Todestag Menschen gemeinsam ein Buch von ihm lesen. Da kann er bei seinem Weggehen feststellen: Ich lebe weiter. Es war fast wie ein Ritual.

In dem Roman gibt es immer wieder ungewöhnlich atmosphärische Naturbeschreibungen von der Küstenlandschaft rund um das schleswig-holsteinische Dorf Rugbüll. Wie werden Sie das auf die Bühne übertragen?
Das erscheint erst einmal schwierig. Aber die Wörter, die Bilder, die Lenz geschaffen hat, sind so stark, dass sie, wenn sie von einem Schauspieler gesprochen werden, eine zusätzliche Ebene bekommen.

Das Thema des 1968 veröffentlichten Romans ist der Konflikt von Macht und Kunst und die kritische Auseinandersetzung mit dem Ausspruch der Kriegsgeneration, man habe ja „nur seine Pflicht getan".
Ich als Niederländer versuche, diese „Freuden der Pflicht" zu verstehen. Jens Ole Jepsen wird sehr streng dargestellt. Seine Strenge kommt irgendwo her. Ich möchte fast sagen, seine Strenge ist genetisch vorbestimmt. Über seinem Pflichtgefühl liegt auch eine große Trauer, die man psychologisch zum Teil verstehen kann.

Bei der Überschwemmungskatastrophe von 1953, der Hollandsturmflut, waren Sie sieben Jahre alt. Wie haben Sie diese schwere Sturmflut erlebt?
Wir wohnten damals auf der Insel IJsselmonde, in einem Haus am Deich. Nebenan war die Bäckerei meines Onkels. Dort versammelten sich in jener Nacht alle Frauen, um die Radionachrichten zu hören. Da war eine unglaubliche Ruhe. Aber man spürte: Jetzt passiert etwas, es werden Tausende ertrinken – was ja auch geschehen ist. Meine Mutter hat mich später zurück in mein Zimmer gebracht. Es lag ganz oben unter dem Dach des Hauses. Als ich am nächsten Morgen aus meinem Fenster sah, war alles überschwemmt. Alle Wiesen, alles, so weit das Auge reichte, stand unter Wasser. Und die toten Tiere trieben darin.

In Küstennähe geboren: Johan Simons

Ein apokalyptisches Bild.
Total. Ich war sehr christlich erzogen worden. Bei diesem Anblick wusste ich natürlich, dass es sich um eine Katastrophe handelt, aber sie war für mich wie ein Gottesbeweis. Ich spürte die Macht der Natur. Gott hatte gezeigt, dass er der Mächtigste ist.

Wie hat dieses Erlebnis ihre künstlerische Arbeit geprägt?
Meine Kindheit hat auf meine Arbeit den stärksten Einfluss. Meine Arbeiten haben meistens mit Leere zu tun. Mit Stille. Ich hoffe, das gelingt mir bei der „Deutschstunde" auch.

Lieben Sie das Meer, oder macht es Ihnen eher Angst?
Erst einmal macht es mir Angst. Wegen der Rache, der Gewalt, die in ihm steckt. Das Meer, nein, ich muss „die See" sagen, das ist der bessere Begriff, ich liebe dieses Wort „die See". Obwohl ich vor der unendlichen Kraft und vor dem Schweigen der See Angst habe, liebe ich sie auch sehr. Sie ist unberechenbar.

Können Sie schwimmen?
Ja, aber ich habe erst spät schwimmen gelernt, weil ich immer Angst hatte. Wenn ich den Boden nicht mehr unter den Füßen spüre, dann habe ich auch heute noch Angst.

Das Gespräch führte Katrin Ullmann.

Volker Weidermann:
„Ostende.
1936, Sommer der
Freundschaft“,
Kiepenheuer & Witsch, Köln,
2014, 160 Seiten, 17,99 Euro

Die allerletzten Sonnenstrahlen

Volker Weidermann erzählt vom Strandleben im Exil und feiert das literarische Werk der Freunde Stefan Zweig und Joseph Roth

WIE HINGETUPFT VON EINEM IMpressionistischen Maler, so lässt Volker Weidermann einen Sommer am Meer aufscheinen, Ostende, 1936: „Kinder mit bunten Hüten, Sonne, leichtes Leben.“ Immer wieder streut der Autor, Feuilletonchef der „FAS“, solche Impressionen ein, und doch sind sie nur die Kulisse, vor der er die Geschichte einer Freundschaft erzählt und die Geschichte von Menschen im Exil.

Im belgischen Seebad treffen zwei lange befreundete Schriftsteller aufeinander: der 1894 geborene ostjüdische, dem Alkohol verfallene Joseph Roth und der dreizehn Jahre ältere, weltgewandte, in Wien geborene, westjüdische Stefan Zweig. Roth bewundert Zweig, sie sind sich zugewandt, auch ist Roth finanziell abhängig von Zweig. Zweig reist voraus, schließlich kommt Roth, sie treffen am Bahnsteig aufeinander, Weidermann lässt das so geschehen: „Herr Zweig!“ – „Herr Roth! Endlich. Herzlich willkommen am Meer!“ Dieser Ton zieht sich durch das Buch, einer Mischung aus Biografischem, das Weidermann akribisch recherchiert hat, und Romanhaftem, das dem Autor mit leichter Hand gelingt. Als Leser kann man nur ahnen, was Fiktion und was Fakt ist, und folgt ihm gern ins poetisch Erdachte.

In Ostende landen nicht nur Roth und Zweig, zur Exilantengemeinschaft zählen Ernst Toller und seine Geliebte, Egon Erwin Kisch und seine Frau, Arthur Koestler, Hermann Kesten. Doch Weidermann verliert die Hauptpersonen nicht aus den Augen: Stefan Zweig, der über eine Welt schreibt, „die es nicht mehr gibt“, und die tragische Gestalt Joseph Roth, lange ohne Erfolg, und „als er endlich Romane schrieb, die ihm in einer Welt bei Verstand Reichtum und Ruhm eingebracht hätten, wurden seine Bücher verboten und verbrannt, und Roth ging ins Exil“.

Zweig leidet mit an Roths Alkoholismus. Aber Rettung naht, in der Person von Irmgard Keun, keine Jüdin, aber als Autorin des „Kunstseidenen Mädchens“ zu modern für dieses Deutschland. So beginnt eine ungewöhliche Liebesgeschichte, so verfallen sie einander, Roth, der „Grantl-, Schimpf- und Hasskönig des Exils“, und die begeisterte Schwimmerin. Aber auch sie ist „Trinkkünstlerin“. Sie schreiben, trinken und leben zusammen, eins geht ins andere über.

Seltsam mutet nur das Frauenbild an, das Weidermann im Umfeld Zweigs ansiedelt. Da sind zunächst klischeehaft: keifende Gattin und nichtsnutzige Töchter als „lästige Fesseln seines Lebens“. Und Lotte Altmann, seine Schreibhilfskraft. Bei Weidermann ein blasses Wesen, doch immerhin hatte sie, die Jüdin, in Frankfurt Französisch, Englisch und Volkswirtschaft studiert. An sie jedenfalls schreibt Zweig zum Aufbruch nach Ostende: „Liebes Fräulein Altmann, große Koffer überflüssig, wir würden dort einfach leben.“

Aber natürlich leben sie nicht im Idyll am Nordseestrand, Zweig, Roth, Keun und die anderen. Unter der Haut hockt die Angst, „dass sich die Welt täuschen lassen wird, in diesem Sommer in Berlin“. Weidermann hat mit diesem scheinbaren Sommeridyll ein Bücherbuch, ein Hohelied der Literatur verfasst, und sofort will man all die Werke Zweigs und Roths wieder oder endlich lesen. Am liebsten natürlich an einem langen, weißen Strand.

Barbara Schaefer

Im Netz

www.lightphotos.net

Das ewige Leuchten

Allein die Karte auf lightphotos.net zu betrachten macht schon Spaß. Hier haben Leuchtturmfans ihre Leidenschaft verortet. Zahllose Punkte haben sie entlang der Küsten auf der Weltkarte eingetragen und Fotos angepinnt. Manchmal sind die Pins so weit vom Land entfernt, dass man kaum glaubt, dass sich dort tatsächlich eine Insel befinden soll. Jeder Website-Besucher ist zum Stöbern eingeladen; wer sich anmeldet, wird Teil einer großen Leuchtturmfangemeinschaft, wahrscheinlich mit Suchtpotenzial.

Wiebke Böse

Im Deckchair

Ein persönlicher Tipp
von Anja Schindler,
Praktikantin im
mareverlag:
„Das Haus am Meer“,
Regie: Irwin Winkler. Mit
Kevin Kline, Kristin Scott
Thomas u.a., USA, 2002,
DVD, 120 Minuten

George Monroe verliert nach 20 Jahren seine Stelle, kollabiert und erfährt im Krankenhaus, dass er nur noch vier Monate leben wird. Er will noch seinen Lebenstraum erfüllen: ein Haus am Meer zu bauen. Zusammen mit seinem 16-jährigen, aus der Bahn geratenen Sohn, der nichts wissen will von seinen Eltern. Was zu heftigen Auseinandersetzungen führt, aber den beiden auch ihre beste Zeit beschert. In wunderschönen Bildern kommt einem das Meer vor der kalifornischen Küste nah. Mich hat der Film tief berührt, er erzählt von einer Familie, die aus der Bahn gerät und wieder zu sich findet, und er hat tolle Dialoge. Mein liebstes Zitat von George Monroe: „Mit jedem Klatschen der Welle höre ich nun etwas. Früher hatte ich nie zugehört. Ich stehe, fast fertig, am Rande einer Klippe und lausche.“

Frohe Festtage

1

Gareth Williams, Peter Pentz, Matthias Wemhof (Hrsg.): ***„Die Wikinger“,*** *Hirmer, München, 2014, 288 Seiten, 395 Abbildungen, 39,90 Euro*

Nordische Helden

Das Dänische Nationalmuseum, das British Museum in London und das Museum für Vor- und Frühgeschichte in Berlin haben gemeinsam eine Ausstellung um das größte bisher entdeckte und rekonstruierte Wikingerschiff „Roskilde 6“ konzipiert, die noch bis 4. Januar 2015 in Berlin gastiert. Der zugehörige Katalog ist ein mächtiges Lese- und Bilderbuch, das die Geschichte der frühen Seefahrer differenziert erzählt und sie als Netzwerker und Händler ebenso beleuchtet wie als mutige Entdecker und gnadenlose Krieger. *mw*

2

Jorinde Jelen Band: ***„Mitten ins Blau“,*** *Timezone, 2014, eine CD*

Wellen der Poesie

Nach der ersten CD „Vermischung“, für die Jorinde Jelen als „deutsche Melody Gardot“ gefeiert wurde, legt sie jetzt mit ihrer Band ihr zweites Album vor, und auch „Mitten ins Blau“ ist wieder vom Meer inspiriert. Arrangiert vom Pianisten Steffen Greisiger und vom Gitarristen Bastian Ruppert, hat die Sängerin zehn Lieder zu Texten von Goethe, Eichendorff, Rilke und Morgenstern geschrieben, die ihre Liebe zu den wilden Ufern der Welt teilen. Ihre Kompositionen schweben zwischen Jazz und Chanson und wecken Sehnsucht nach jenem Blau, das Jorinde Jelen mit wunderbarer Leichtigkeit besingt. *ht*

3

Lyonel Trouillot: ***„Die schöne Menschenliebe“,*** *aus dem Französischen von Barbara Heber-Schärer und Claudia Steinitz, Liebeskind, München, 2014, 192 Seiten, 16,90 Euro*

Haiti als Welttheater

Auch in seinem nunmehr dritten auf Deutsch übersetzten Roman beweist der 1956 in der haitianischen Hauptstadt Port-au-Prince geborene Lyonel Trouillot, dass es Lesenswertes über den westlichen Teil des einstigen Hispaniola-Eilands gibt. Die Rahmenhandlung spielt in der Gegenwart, doch da die junge in Europa geborene Anaïse nach Spuren ihres vor Jahrzehnten spurlos verschwundenen Großvaters sucht, geht es alsbald tief hinab in den Brunnen der Vergangenheit, der sehr wohl als dunkel und sumpfig vorstellbar ist. Jener Großvater nämlich war ein Intimus des örtlichen Polizeichefs und bei den Fischern wegen seiner Skrupellosigkeit gefürchtet. Ein psychologisches Kabinettstück, eine Studie in Suspense und menschlicher Verworfenheit. *mm*

4

Mila Teshaieva: ***„Promising Waters“,*** *Kehrer, Heidelberg, 2013, 120 Seiten, 52 Abbildungen, 39,90 Euro*

Küste im Umbruch

Jede Veränderung ist ein Versprechen, jedes Versprechen trägt Hoffnung in sich und Unsicherheit. „Promising Waters“ hat die mehrfach preisgekrönte ukrainische Fotografin Mila Teshaieva ihren Bildband genannt, vier Jahre lang hat sie den Wandel in ehemaligen Sowjetrepubliken um das Kaspische Meer dokumentiert. Seltsam stille, gleichzeitig fragende Bilder sind dabei entstanden, aufgenommen in Aserbaidschan, Kasachstan und Turkmenistan. Zeugnisse von Vergangenheit und Aufbruch, von Einsamkeit und Orientierungslosigkeit, Bilder aus einer Welt, die selbst denen, die sie bewohnen, fremd zu sein scheinen. *mw*

5

Jim Heimann: ***„Surfing. 365. Day-by-Day“,*** *Taschen, Köln, 2014, 736 Seiten, 19,99 Euro*

Ein ganzes Jahr Spaß

Hand aufs Herz: Wären wir nicht alle gerne Surfer? Ein Leben für die Welle, Euphorie als berufliche Begleiterscheinung. Oder vielleicht auch: gar kein Beruf, nur ein Board und ein Bettchen im Camper-Van. Traumfigur, Traumfrauen, Traummänner, Traumstrände, alles inklusive. Dafür nicht mehr so viel denken müssen, weil sich alles auf den Sinn eines Beach-Boys-Songs reduzieren würde: „Just get away from the shady turf / And baby go catch some rays on the sunny surf / And when you catch a wave you'll be sittin' on top of the world.“ Man wird ja wohl noch träumen dürfen … Und täglich einen kurzen Moment lang mit einem Buch als ewigen Kalender, der nur die sonnigen Seiten des Surferlebens zeigt. Auf coolen Fotos, alten Plakaten, heiteren Hemden. Jeden Tag ein buntes Bild, die sinnfreien Sprüche lassen sich da leicht überlesen. Optische Gehirnwäsche als Mittel gegen mitteleuropäische Kälte. Vielleicht hilft's. *mw*

Geschenkempfehlungen von **mare**

6

*Detlef Bluhm: **„Schiffskatzen“**, Insel, Berlin, 2014, 165 Seiten, 8 Euro*

Tapfere Seefahrer

Detlef Bluhm berichtet kurzweilig Erstaunliches über Katzen auf See. Wie die Geschichte von Schiffskater Oscar, der mindestens drei der sprichwörtlich sieben Leben einer Katze besaß. Mai 1941: Oscar überlebt die Versenkung des Schlachtschiffs „Bismarck“. Oktober 1941: Oscar wird nach dem Untergang des Zerstörers „Cossack“ geborgen. Und im November 1941 übersteht er die Torpedierung des Flugzeugträgers „Ark Royal“. Anschließend wollte kein Kapitän mehr das Tier an Bord nehmen, dem innerhalb eines Jahres drei Schiffe unter den Pfoten weggeschossen wurden. *mls*

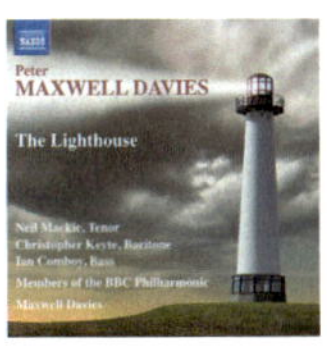

7

*Peter Maxwell Davies: **„The Lighthouse“**, Naxos Opera, 2014, eine CD, ca. 73 Minuten*

Mysterium einer Insel

26. Dezember 1900: Das Versorgungsschiff „Hesperus“ erreicht die unbewohnte Hebrideninsel „Eilean Mor“. Drei Seeleute steigen die Stufen des erst 1899 erbauten Leuchtturms hinauf und sind entsetzt: Der Turm ist verwaist, von den drei Wärtern fehlt jede Spur. Diese wahre, bis heute ungeklärte Begebenheit hat der Brite Sir Peter Maxwell Davies zu einer ungeheuer spannenden Kammeroper verdichtet. „The Lighthouse“ wurde 1980 in Edinburgh uraufgeführt und avancierte zu einer der erfolgreichsten Opern des ausgehenden 20. Jahrhunderts. Seit Jahren gab es keine Einspielung mehr auf dem Markt. Maxwell Davies steht selbst am Pult bei dieser CD – eine Neuaufnahme mit Mitgliedern des BBC Philharmonic Orchestra – und musiziert mit aufwühlender Intensität. *es*

8

*Sven A. Kirsten: **„Tiki Pop“**, Taschen, Köln, 2014, 384 Seiten, 39,99 Euro*

Exotik und Ekstase

Sven A. Kirsten, Reederenkel aus Hamburg und heute in Los Angeles beheimateter Kameramann, ist wohl der weltweit am meisten bewanderte Spezialist und Sammler in Sachen Tiki-Kultur. Die polynesische Traum- und Konsumwelt, die sich die USA Mitte des 20. Jahrhunderts erschuf, um mit deren Versatzstücken Hawaiihemden, Cocktailbars, exotische Restaurants und ein ekstatisch leichtes Lebensgefühl zu kreieren, ist ein Pop-Phänomen, das schier unglaubliche Stilblüten hervorgebracht hat. Kirsten hat schon einige kluge, unterhaltsame und sehr bunte Bücher zum Thema veröffentlicht. Anlässlich einer Ausstellung im Musée du Quai Branly in Paris hat er nun sein vorläufiges Meisterwerk vollbracht. Ein Buch wie ein perfekt gemixter Mai Tai, rauschhaft, unvergleichlich, großartig. *mw*

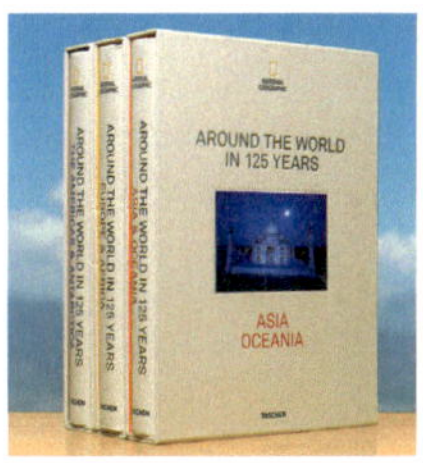

9

*Reuel Golden (Hrsg.): **„National Geographic. In 125 Jahren um die Welt“**, 3 Bände im Schuber, Taschen, Köln, 2014, 1404 Seiten, 399 Euro*

Zeitreise um die Welt

Zum 125. Geburtstag hat National Geographic die Archive für den Taschen Verlag geöffnet: Beeindruckende 1404 Seiten, aufgeteilt auf drei gewichtige Bände mit Hunderten Fotografien, umfasst das Ergebnis. Die prachtvoll gestalteten Bände entführen den Betrachter auf eine unvergleichliche Reise durch Raum und Zeit. Sie beginnt in den beiden Amerikas und der eisigen Antarktis, führt anschließend nach Europa und Afrika, um sich schließlich Asien und Ozeanien zuzuwenden. Auf dieser exklusiven und spektakulären „grand tour“ kommen zahlreiche Bilder zum Vorschein, die noch nie zuvor veröffentlicht wurden – und es doch so sehr verdient haben. *mls*

10

*Bernd Flessner: **„Team Triton. Kampf der Giganten“, „Piranhas greifen an“**, Thienemann, Stuttgart, 2014, 144 Seiten, 8,99 Euro*

Abenteuer unter Wasser

Das Team Triton der gleichnamigen Kinderbuchreihe des meereskundigen Autors Bernd Flessner besteht aus: Til aus München, Jeff aus Los Angeles und Yolande aus Paris, allesamt elf Jahre alt und Nachwuchs von Wissenschaftlern, die auf dem Unterwasserforschungsschiff „Triton“ weltweit die maritime Flora und Fauna untersuchen. Auf ihren Reisen und Abenteuern lernen sie ohne dröge Didaktik viel über unterseeisches Getier, Fairness und die Beherrschung der englischen Sprache. Für den Anhang haben sich Verlag und Autor noch etwas Zusätzliches ausgedacht: acht Farbseiten in schönstem Tiefdruck, die die Highlights der Geschichten als Fotos Revue passieren lassen, versehen mit kindgerechten Informationen. *mm*

SOKOTRA

Arabischer Frühling

30 Millionen Jahre Isolation zeigen Wirkung. Auf der jemenitischen Insel Sokotra leben Hunderte Pflanzen- und Baumarten, die es sonst nirgends gibt

Text: Cord Riechelmann
Fotos: Simon Norfolk

Die Wüstenrose, *Adenium obesum ssp. socotranum*, **ist auf Sokotra weit verbeitet. Auffällig sind ihre roten Blüten**

Zerklüftet, graniten, von Erosion geformt

Es gibt am Ostausgang des Golfes von Aden eine kleine Inselgruppe, die von Biologen als das „Galapagos des Indischen Ozeans“ bezeichnet wird. Und als wollten die Inseln die Wahrheit der Ökologie, nach der die Artenvielfalt immer eine Folge des extremen Mangels ist, auch zeigen, sehen sie auch aus wie der Stein gewordene Mangel. Zerklüftete, granitene, karge Berge mit ihren bizarren Steinzacken erheben sich in der Mitte der Hauptinsel Sokotra und lassen die trockene Öde nicht nur ahnen.

Dazu kommt, dass an vielen Orten hohe, schroffe Kalksteinsteilküsten den Übergang der Inseln ins Meer bilden. Obwohl die Kalksteinwände an manchen Stellen von langen sandigen und kieseligen Stränden durchbrochen werden, die die raue Fassade des Archipels abmildern, können sie nicht verdecken, dass es die Erosion ist, die diese Landschaft formt. Ein Eindruck, den nicht einmal die grünen Lagunen, auf deren Rasen kleine Kühe weiden, vertreiben. Denn hinter den Wiesen, Palmen oder Mangroven erhebt sich immer wieder drohend das kahle Gebirge ohne Grün.

Umso erstaunlicher scheint es zu sein, was aus diesen Inseln geworden ist. Der zum Jemen gehörende Sokotra-Archipel, dessen Hauptinsel Sokotra 350 Kilometer südlich der Arabischen Halbinsel und 230 Kilometer östlich des Horns von Afrika liegt, ist seit 2008 Unesco-Weltnaturerbe. Der Grund für diese Auszeichnung ist auch der, der den Vergleich mit Galapagos provoziert: Es ist die enorm hohe Anzahl nur auf dem Archipel vorkommender, sogenannter endemischer Arten. Im Unterschied aber zu anderen Zentren der Artenvielfalt wie den tropischen Regenwäldern oder Galapagos hat der arabische Archipel seinen Mangel nie versteckt.

Während die Regenwälder Amazoniens ihren ersten europäischen Entdeckern wie Alexander von Humboldt oder Henry Walter Bates mit ihren ewig grünen Pflanzen schier unendlichen Reichtum vorgaukelten, wurde Sokotra von Anfang an als unnütz empfunden. Der Sokotra-Archipel galt lange als „sehr groß, unfruchtbar und feucht“, wie es im griechischen Seefahrerhandbuch „Periplus Maris Erythraei“ heißt, das etwa 40 bis 70 n. Chr. geschrieben wurde. Das Handbuch berichtet zwar auch von Flüssen mit Krokodilen, vielen Schlangen und Eidechsen, „die so groß sind, dass die Leute ihr Fleisch essen und ihr Fett zerlassen, um es anstelle von Öl zu verwenden“. Es fügt aber sofort an, dass „die Insel keine Feldfrüchte trägt, weder Weinstöcke noch Getreide“.

Tatsächlich ist es ein besonderes Merkmal der Inseln, dass die Bevölkerung in den langen Jahren der immer spärlichen Besiedlung nie einen Ehrgeiz entwickelte, die Pflanzen auf der Insel zu kultivieren. Man kann es an der Geschichte des Sokotra-Granatapfels zeigen. Beschrieben wurde der Granatapfelbaum aus Sokotra zuerst 1882 als *Punica protopunica* vom schottischen Botaniker Isaac Bayley Balfour. Zur Familie der Granatapfelbäume gehören nur zwei Arten, der von Sokotra und der weltbekannte Granatapfel *Punica granatum* der arabischen Welt, einer der ältesten Obstbäume der Menschheit.

Während der arabische Festlandgranatapfel in eine Vielzahl von Zuchtorten überführt wurde, als Symbol für Fruchtbarkeit, Reichtum und Überfluss galt und in vielfältiger Form in die arabische Ornamentik einfloss, ließ man den Sokotra-Granatapfel, wie er war. Zwar auch strauchig und baumförmig wachsend, nur etwas kleiner, nutzte man die Früchte und andere Teile des Baumes auch als Nahrung und Medizin, züchtete die Pflanze aber nie. Deshalb verwundert es nicht, dass die aktuelle Pflanzengenetik den Sokotra-Granatapfel als hochwertige genetische Ressource einstuft, falls sich der seit Tausenden von Jahren kultivierte Granatapfel irgendwann erschöpfen sollte. ➢

Sokotra liegt 350 Kilometer südlich der Arabischen Halbinsel und 230 Kilometer östlich von Afrika. Seit 2008 ist der Archipel Unesco-Weltnaturerbe – wegen der enorm hohen Anzahl endemischer Arten

Typische Landschaft: Hinter den Wiesen, Palmen oder Mangroven erhebt sich immer wieder drohend das kahle Gebirge

Auf Sokotra gibt es sieben endemische Weihrauchbaumarten, eine davon ist *Boswellia elongata*

So wie die Bewohner Sokotras ihre Wildpflanzen nicht mit Züchtung bedrängten, ließen sie auch ihre Sprache unbedrängt: Das Sokotri, das zu den modernen südarabischen Sprachen gehört und sich erheblich vom Arabischen unterscheidet, wurde nie in eine Schriftform überführt. Es ist immer noch eine schriftlos gesprochene Sprache.

Als schriftlose Sprache konnte sich das Sokotri auf der Basis einer sozusagen doppelten Isolation erhalten: einer geografischen und einer politisch-ökonomischen. Die Inseln, vor etwa 30 Millionen Jahren vom Festland getrennt, hatten bis 1999 nicht einmal einen richtigen Flughafen und im Jahr 2000 gerade 140 ausländische Besucher. Auch wenn sich die Zahl der Touristen mit dem beginnenden Ökotourismus 2010 auf 4000 erhöhte, ist der Archipel damit noch nicht aus seiner abgeschiedenen Lage herausgerückt. Der Großteil der 40 000 bis 80 000 Einwohner der Inseln, zwischen diesen Zahlen schwanken die Quellen, lebt ohne Elektrizität und fließendes Wasser an der Armutsgrenze.

Die hauptsächlich vom Fischfang lebende Bevölkerung verteilt sich auf die Hauptinsel Sokotra, die beiden kleinen Nachbarinseln Darsa und Samha sowie auf die nur von Fischern besiedelte zweitgrößte Insel des Archipels, Abd al-Kuri. Daneben gibt es noch drei unbewohnte felsige Inseln. Dass der Fischfang mit Kleinbooten nach wie vor die

Karg, windig, manchmal feucht, manchmal schrecklich trocken

Ein dicker Stamm, nach oben hin zu einem Flaschenhals verjüngt – Wüstenrosen beeindrucken mit ihren skurrilen Formen

Hauptarbeits- und Nahrungsmittelquelle des Archipels ist, zählt zu den bemerkenswertesten Leistungen, zumal sich seit Mitte der 1990er-Jahre die Erforschung Sokotras rapide beschleunigt hat. Der Grund für den Erfolg ist die Vermeidung alter Fehler. In der Serengeti etwa hatte man seinerzeit die ursprünglichen Nutzer aus den Naturreservaten vertrieben. Auf Sokotra darf auch in den ausdrücklich als Naturschutzgebiet ausgewiesenen Bereichen weiterhin traditionell gefischt werden.

Überhaupt geschieht die Erforschung der Inseln in vorbildlicher Weise in Kooperation mit der Bevölkerung. So hat das Senckenberg-Forschungsinstitut in Frankfurt am Main, das seit Jahren die marine Biodiversität Sokotras untersucht, bei all seinen Forschungen immer mit Inselbewohnern zusammengearbeitet und keines seiner Resultate außerhalb der Wahrnehmung der Einwohner erarbeitet. Um nur ein Beispiel aus der Arbeit der „Senckenberger“ zu nennen: Bis in die 1990er-Jahre waren nur 67 Steinkorallenarten des Archipels bekannt – aktuell erhöhte sich die Zahl auf heute 253 Steinkorallenarten, wobei viele Angaben zur Artenvielfalt der Inselgruppe als, wie die Forscher es ausdrücken, „work in progress“ zu betrachten sind, eine Herangehensweise, die bereits die Teilnehmer der frühen Sokotra-Expeditionen beherzigten.

Der Eindruck der kargen, windigen, manchmal feuchten und manchmal

Lesen Sie bitte weiter auf Seite 120

Sokotras Bäume sind angewiesen auf Wasser aus Tau und Nebel

Drachenbaum *Dracaena cinnabari* **am Rand einer kargen Felsschlucht**

Im Unterschied zu anderen Zentren der Artenvielfalt wie den tropischen Regenwäldern hat Sokotra seinen Mangel nie versteckt

Die Sanddünen in Ar'aher am nordöstlichen Ende der Hauptinsel Sokotra, fotografiert bei Vollmond

schrecklich trockenen Unfruchtbarkeit änderte sich 1880 mit der ersten Expedition jenes schottischen Botanikers Isaac Bayley Balfour. Balfour sammelte auf dem Archipel um die 500 Pflanzenarten, von denen mehr als 200 für die damalige Botanik neu waren. Das war selbst im Zeitalter der weltweit sammelnden Kolonialreiche und ihrer unersättlichen Naturkundemuseen eine Sensation.

In Balfours Aufzeichnungen finden sich zum Teil auch sehr genaue Hinweise auf die artenbildende Wirkung der Inseln. Balfour gibt auch Hinweise auf Verwandtschaften der Pflanzen, die nicht nur nach Afrika, auf das arabische Festland und nach Asien weisen, sondern auch nach Südafrika und auf die Maskareneninseln, die 850 Kilometer östlich Madagaskars liegen. Alles zusammengenommen, liefern die Funde auch Indizien, mit der die Erdgeschichte von Sokotra erklärt werden kann. Obwohl auch hier betont werden muss, dass die Forschungen zur Geologie und Paläogeografie des Archipels erst am Anfang stehen. Besonders die Fauna weist jedoch auf eine lange Isolation hin, was auch Balfour nicht entgangen war.

Vor allem eine Pflanzenform zählt bis heute zu den auffälligsten Phänomenen Sokotras: die Flaschenbäume. Sie bilden einen dicken, teils bauchigen, oft auch verschlungen skurrilen Stamm aus, der sich nach oben hin zum Flaschenhals verdünnt und als Krone

Sandige, kiesige Strände mildern die raue Fassade der Insel

Ein Drachenbaum ragt in den Nachthimmel über dem Diksam-Plateau – aufgenommen mit einer Stunde Belichtungszeit

meist nur obenauf Äste, Zweige, Blätter und Blüten trägt.

Auf Sokotra tritt diese Wuchsform bei drei systematisch voneinander völlig getrennten Arten auf: beim auch als Gurken-, Melonen- oder Kürbisbaum bezeichneten *Dendrosicyos socotranus*, bei dem zu den Maulbeergewächsen zählenden Baum *Dorstenia gigas* und bei der Wüstenrose *Adenium obesum ssp. socotranum*. Die Flaschenform lässt sich ökologisch einfach erklären: Der dicke Stamm ist nämlich ein guter Wasserspeicher, und wenn man die Blätter auf den Bereich am Kopf des Baumes konzentriert, schränkt das die Verdunstung in der Hitze des Tages stark ein. Für Bäume, die in großen Teilen auf die Feuchtigkeit aus Morgentau, Morgennebeln und vom Wind herbeigewehter Feuchtigkeit angewiesen sind, ist der Flaschenwuchs eine optimale Wasserhaushaltregulierung. So lässt sich auch erklären, dass sich diese Wuchsform in verschiedenen Gattungen verwirklicht hat.

Am imposantesten geschah dies bei dem Gurkenbaum. Bis zu sieben Meter kann er hoch werden und der Stamm einen Durchmesser von einem Meter erreichen. Dabei ist das Stammholz weich und gut formbar. Das ist der Grund für die oft bizarren Stammformen an den wildesten Standorten. Der Gurkenbaum kann aus Kalksteinsteilwänden ebenso herauswachsen wie aus den Felsen um die langen Wadis im Gebirge. Von den anderen Flaschenbäumen kann man ihn an der

Biologen bezeichnen Sokotra als „Galapagos des Indischen Ozeans“

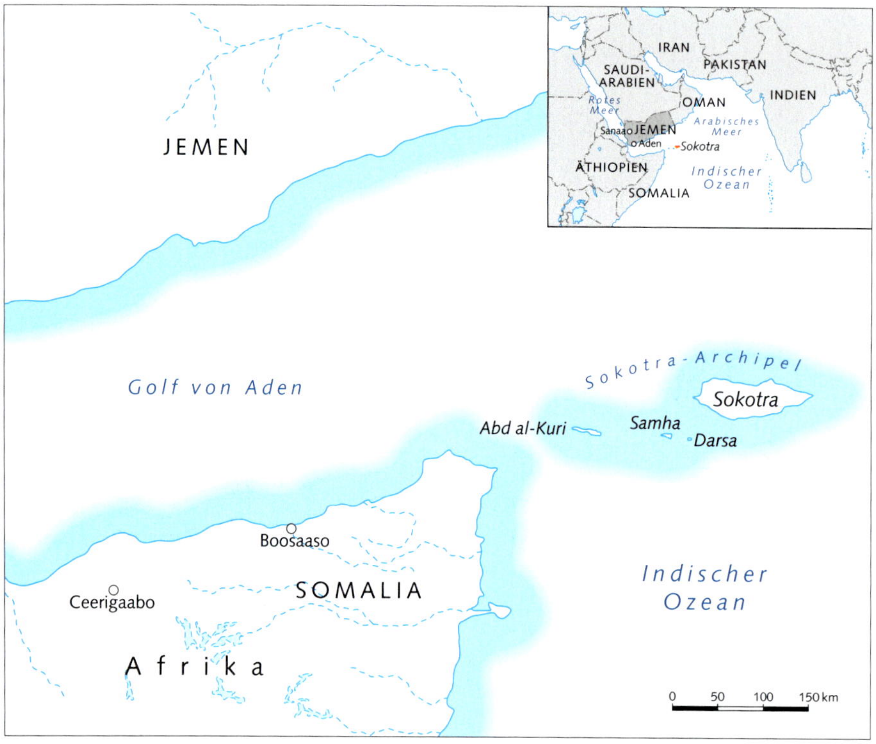

Größe und an den klein wachsenden Ästen und Blättern unterscheiden.

Dorstenia gigas schafft es, ähnlich wie der Gurkenbaum, in den Spalten unzugänglicher Kalkhänge zu wachsen. *Dorstenia* wird aber nur 2,5 Meter hoch und hat keine Äste oder Blätter am Stamm. Eine Ausnahme unter den Flaschenbäumen ist er, weil seine trichterförmigen Blüten von Vögeln bestäubt werden.

Für die Wüstenrose gilt das freilich nicht. Als einer der Bäume, die am häufigsten auf Sokotra vorkommen, ist sie auf Insektenbestäubung angewiesen und wird deshalb häufig von Bienen umschwirrt. Bedeutsam ist die Wüstenrose, weil sie als einziger Flaschenbaum, der auch auf dem arabischen und afrikanischen Festland vorkommt, am Wuchs die Besonderheiten des Klimas des Archipels zeigt. Der gedrungen und verformt wirkende Baum ist auf Sokotra größer und breiter als in Afrika und Arabien, was man als Anpassung an die größere Trockenheit werten kann. Auffällig ist er auch durch seine roten Blüten, von denen er den Rosennamen hat. Ansonsten wird er als wenig schön und nutzlos empfunden.

Trotzdem ist er neben dem Drachenbaum *(Dracaena cinnabari)* wegen seiner Verbreitung der Charakterbaum Sokotras – wobei die Drachenbäume in Höhen ab 500 Meter regelrechte Wälder bilden können und in ihren Kronen vielen Vögeln Ruheplätze vor den oft heftig wehenden Monsunwinden bieten. Unter den Vögeln finden sich nicht selten Sokotraspatzen, die in Siedlungen und an Häusern ebenso wie in den Bergen und Wäldern leben. An den Spatzen lässt sich gut jenes evolutionsbiologische „work in progress" zeigen. Bis in die 1990er-Jahre noch als Unterart geführt, gelten sie heute als eigene Art, die sich eventuell auf dem Weg zu einer weiteren Artspaltung befindet.

Die Spatzenpopulation auf der Insel Abd al-Kuri unterscheidet sich im Aussehen und Verhalten bereits stark von der Hauptpopulation auf Sokotra. Kleiner und wesentlich weniger gesellig, scheint es nur noch eine Frage der Zeit zu sein, bis sie sich auch genetisch von den Sokotraspatzen so weit entfernt hat, dass man sie als eigene Art führen kann.

Sie ist damit das sichtbarste Zeichen dafür, wie auf Sokotra die geografische Isolation in Verbindung mit einer zuweilen extremen Trockenheit, heftigen Monsunwinden und Ozeanströmungen in den Nischen des Mangels eine einzigartige biologische Vielfalt geschaffen hat.

Bis 1999 hatte die Insel Sokotra keinen Flughafen und im Jahr 2000 gerade 140 ausländische Gäste. Mit dem beginnenden Ökotourismus stieg die Besucherzahl zuletzt auf jährlich 4000

Cord Riechelmann, Jahrgang 1960, Biologe und freier Autor in Berlin, war überrascht über die Bedeutung der Bienen auf Sokotra. Da es die Varroa-Milbe, die weltweit für das Massensterben von Bienen verantwortlich ist, auf Sokotra nicht gibt, könnten die 1200 heimischen Bienenvölker eines Tages über die Insel hinaus an Bedeutung gewinnen.

Als Simon Norfolk, Jahrgang 1963, britischer Fotograf in Brighton und Kabul und vertreten durch die Agentur Institute, in Sokotras Wildnis zeltete, fragte er den Guide, was es zu essen gebe. Der zeigte auf ein Zicklein, das an einen nahen Baum gebunden war. Obwohl Norfolk Vegetarier ist, aß er das Tier. „Das Mahl abzulehnen erschien mir einfach zu unhöflich."

mare *bedankt sich beim Centre for Middle Eastern Plants (www.cmep.org.uk) im schottischen Edinburgh für die wissenschaftliche Beratung.*

Milliardenprojekt: Chinesen bauen Strandresort am Stadtrand von Nassau

Tourismus

Mega-Hotel auf den Bahamas

Es ist die größte Investition, die je auf den Bahamas getätigt wurde: Für 3,5 Milliarden US-Dollar baut die China State Construction Engineering Corporation ein riesiges Strandresort am Stadtrand von Nassau. Das „Baha Mar“ soll über 2200 Hotelzimmer, ein 9000 Quadratmeter großes Spielkasino und einen Golfplatz mit 18 Löchern verfügen. Die staatliche China Eximbank stellt das Kapital zur Verfügung. Eigentlich sollte das Resort bereits im Dezember eröffnen, doch der Termin wurde um sechs Monate verschoben. „Das Projekt ist einfach sehr komplex“, sagt Robert Sands, Vizepräsident der „Baha Mar“-Verwaltung. Das Resort, das eines der glamourösesten Ziele in der Karibik werden soll, wird hauptsächlich von 4000 chinesischen Arbeitern gebaut, die die staatliche Baufirma mitgebracht hat. Einheimische Bauarbeiter und Unternehmen fühlen sich dadurch offenbar ausgeschlossen. Laut „Wall Street Journal“ („WSJ“) essen die Chinesen nicht in den einheimischen Imbissen, sondern pausieren direkt auf dem Bau. Sie schlafen zudem in der Nähe der Baustelle in provisorischen Lagern. Das „WSJ“ zitiert Chrys Sturrup, einen Fahrer in Nassau, mit den Worten: „Wir nennen sie ‚die Gefangenen‘. Wir sehen sie weder an den Stränden noch auf den Straßen.“ *mz*

Archäologie

150 Jahre alter Duft gefunden

Archäologen haben vor Bermuda ein uraltes Parfüm entdeckt. Es lag 150 Jahre lang in einem gesunkenen Schmugglerschiff, der „Mary Celestia“. Gefunden wurde der Duft in einem guten Versteck: ganz vorne im Bug der „Mary Celestia“, wo normalerweise der Bootsmann sein Werkzeug verstaut. Laut Aufschrift handelt es sich um eine Parfümflasche des heute nicht mehr existierenden Londoner Dufthauses Piesse and Lubin. Das Parfüm wurde nach dem Fund im Chromatografen in seine Bestandteile zerlegt und ist nun wieder erhältlich. „Der neue Duft entspricht zu 80 Prozent dem Original“, sagt der Parfümeur Jean-Claude Delville, der den Duft in seinem Labor in New Jersey wiederherstellte. „Als ich die Flasche nach 150 Jahren öffnete, erwartete ich nicht viel. Der blumige Duft mit Zitrusnote, der sich dann entfaltete, hat mich überrascht“, so Delville. Das Parfüm lagerte unter perfekten Bedingungen am Boden des Meeres: kühl und dunkel. So oxidierte es nicht. Das Schiffswrack der „Mary Celestia“, die 1864 auf ein Riff auflief und sank, ist bei Tauchern beliebt. Nach einem Hurrikan drehte das Wrack sich so, dass die Forscher die zuvor verborgene Parfümflasche finden konnten. „Eine kleine Kiste ohne Deckel lag in der Wölbung an Deck. In der Nähe haben wir die Flasche gefunden, versiegelt mit einem Glaspfropfen, gefüllt mit einer klaren Flüssigkeit“, schreibt einer der beteiligten Archäologen, James Delgado, in dem Fachmagazin „Archaeology“. Im Andenken an das Schiff werden nun 1864 Flaschen des Duftes „Mary Celestia Fragrance“ angeboten. Der Preis: 225 Dollar je Flakon. *mz*

Unversehrter Originalflakon

Hygiene

Schadet Urinieren dem Meer?

Beim Baden ins Meer zu urinieren ist ökologisch völlig unbedenklich. Das erklären Forscher der American Chemical Society in einem Webvideo, das auf YouTube rund 800 000-mal angesehen wurde. Meerwasser weise eine höhere Konzentration an Natrium und Chloriden auf als Urin, heißt es. Die Menge des durch den Urin ausgeschiedenen Harnstoffs sei zudem so gering, dass er in den gewaltigen Wassermengen kaum ins Gewicht falle. Außer-

dem seien die Ozeane voll vom Urin aller möglichen Lebewesen. Chemiker Eric Achterberg vom Geomar Helmholtz-Zentrum für Ozeanforschung in Kiel hält dagegen. „Menschen baden nur an bestimmten Küstenorten. Das heißt, Natrium, Chloride und Harnstoff sammeln sich in kleinen Gebieten in ungesunden Konzentrationen an und können unsere Umwelt sehr wohl gefährden.“ Auch sein Geomar-Kollege Arne Körtzinger betont, dass insbesondere das Einleiten von Abwässern mit Fäkalien und Urin in Ballungsgebieten vor allem der Entwicklungsländer ein Problem ist. „Dort kommt es zu Überdüngung und Sauerstoffverarmung von Buchten und Flussmündungen. Das kann zum Umkippen ganzer lokaler Ökosysteme führen.“ *mz*

Wirtschaft

Fischbetrug in Dänemark

In Dänemark ist fast jeder fünfte Kabeljau falsch deklariert und in Wahrheit ein Schellfisch oder Köhler. Das hat die Meeresschutzorganisation Oceana in einer Stichprobe nachgewiesen. Für die Recherche nahm Oceana rund 120 Kabeljauproben in Supermärkten, Restaurants und Fischgeschäften und unterzog sie einer DNA-Analyse. „Die Kunden bekommen eine völlig andere Art, die im Handel deutlich weniger kostet“, sagt Hanna Paulomäki, die das Ostseebüro von Oceana leitet. Die hohe Betrugszahl zeige, dass das System der Rückverfolgung nicht funktioniere. Laut Paulomäki ist Fischbetrug ein globales Phänomen. Sie verweist auf Studien, nach denen in den USA, Frankreich und Spanien sogar jeder dritte Fisch falsch deklariert sei. Die niederländische EU-Parlamentarierin Esther de Lange hatte im vergangenen Jahr in einem Report ebenfalls auf umfassenden Etikettenschwindel in der EU aufmerksam gemacht. Sie warnte unter anderem vor Schweinedärmen, die als Calamari verkauft wurden. An welcher Stelle der Verarbeitungskette der Betrug stattfindet, ist schwer zu sagen. Meeresbiologe Rainer Froese vom Geomar Helmholtz-Zentrum für Ozeanforschung in Kiel hält es für wahrscheinlich, dass an Land manipuliert wird. „Die Kollegen an Bord der Schiffe und bei der Auktion im Hafen wissen genau, um welche Fische es sich handelt.“ Wenn aber der Fisch filetiert oder mit einer Panade überzogen sei, falle es schwer, ihn noch richtig zuzuordnen. *muk*

Vor 10 Jahren

Tsunami in Südostasien fordert 230 000 Todesopfer

Als am 26. Dezember 2004 um 7.58 Uhr Ortszeit vor der Nordwestküste Sumatras die Erde bebt, ahnt niemand, dass eine der größten Naturkatastrophen aller Zeiten ihren Anfang nimmt. Zwar gibt das Pacific Tsunami Warning Center in Hawaii eine Warnung heraus. Doch es gibt keine funktionierenden Kommunikationswege, um diese vor Ort schnell zu verbreiten. So treffen die bis zu 30 Meter hohen Tsunamiwellen die Küstenbewohner Südostasiens völlig unvorbereitet. Am stärksten sind die Inseln Indonesiens sowie Sri Lanka und Thailand betroffen. Auch Indien, Malaysia und die Malediven werden heimgesucht, sogar ferne Länder wie Somalia, Kenia und Tansania. Etwa 230 000 Menschen sterben. Unter den Opfern sind auch zahlreiche Feriengäste. Viele Touristen sind mit Videokameras ausgerüstet, so wird die Katastrophe außerordentlich gut dokumentiert. Die Rettungsmaßnahmen laufen sofort an. Der US-Flugzeugträger „Abraham Lincoln“ wird in die Region entsandt, vor Ort hilft das Greenpeace-Schiff „Rainbow Warrior“. Die Schweizerische Rettungsflugwacht ist bald ebenso unterwegs wie Helfer des Österreichischen Bundesheeres; dann folgen die Gerichtsmediziner von Scotland Yard, Bundeskriminalamt und anderen Behörden. Immerhin sorgt die Katastrophe in der schwer getroffenen indonesischen Provinz Aceh dafür, dass Rebellen und Regierung Friedensverhandlungen aufnehmen. Zugleich beginnt man mit dem Aufbau eines Frühwarnsystems entlang der bisher völlig ungeschützten Küsten des Indischen Ozeans, bei dem besonders Deutschland mit Indonesien eng zusammenarbeitet. Im November 2008 nimmt es schließlich seinen Betrieb auf – fast vier Jahre nach der Katastrophe. *fk*

Illustration: Ueli Etter

Originalgetreu: Unter freiem Himmel wird die „San Salvador“ nachgebaut

Geschichte

Nachbau der „San Salvador“

Das Maritime Museum of San Diego will Anfang 2015 einen Nachbau der „San Salvador“ präsentieren. Das rund 30 Meter lange Segelschiff war das erste europäische Schiff, das an der Westküste Amerikas anlandete. Am 28. September 1542 fuhr der portugiesische Entdecker João Rodrigues Cabrilho im Auftrag Spaniens die amerikanische Westküste entlang. In der Bucht von San Diego nahm er Kontakt mit den indigenen Bewohnern auf. „Diese Begegnung legte die Basis für Amerika, den Schmelztiegel für verschiedenste Kulturen“, sagt Gener Austria vom Maritime Museum. „Unsere ‚San Salvador‘ soll unser historisches Erbe jedes Jahr Tausenden Schulkindern nahebringen.“ Das Museum lässt die „San Salvador“ am Hafen unter freiem Himmel nachbauen, um den Besuchern vor Ort zu zeigen, wie der Schiffbau im 16. Jahrhundert funktionierte. Der originalgetreue Nachbau aus Holz kostet rund sechs Millionen Dollar, den Großteil finanzieren die kalifornische Küstenschutzbehörde sowie private Stifter. Die Kiellegung war im April 2011, im kommenden Sommer soll die Replika erstmals entlang der Westküste fahren. Eine Reise nach Europa ist erst einmal nicht geplant – auch wegen der historischen Fakten: Cabrilho startete seine Expedition im mexikanischen Navidad und nicht in Europa. *muk*

Kultur

Kunst am Mittelmeer

Im Hafen der südspanischen Stadt Málaga eröffnet das Pariser Centre Pompidou demnächst seine erste Dependance außerhalb Frankreichs. Auf der von Palmen gesäumten Promenade, die vor ein paar Jahren noch ein unansehnlicher Schiffsverladeplatz war, wartet bereits ein gläserner Kubus, das umgebaute Kulturzentrum „El Cubo“, auf die Werke von mehr als 70 zeitgenössischen Künstlern. Es handelt sich um eine provisorische Außenstelle, in der das Museum vom Frühjahr 2015 an für zunächst fünf Jahre einen Teil seiner Sammlung zeigt. „Das ist ein Labor, in dem wir experimentieren können“, zitiert die spanische Zeitung „El País“ den Präsidenten des Pariser Kunstzentrums, Alain Seban. „Das Centre Pompidou will ein globales Museum sein, und die Niederlassung in Málaga erschließt für unsere Kollektion ein neues Publikum.“ Dem Centre Pompidou gehört mit mehr als 100 000 Werken eine der weltweit bedeutendsten Sammlungen moderner Kunst. Auslagerungen gehören seit einigen Jahren zur Strategie des Museums. Bereits im Jahr 2010 eröffnete die rund 70 Millionen Euro teure Zweigstelle im ostfranzösischen Metz. In Málaga sollen unter anderem Werke von Pablo Picasso, Antoni Tàpies und Frida Kahlo gezeigt werden. Für die Organisation der Ausstellungen wird Málaga dem Centre Pompidou jährlich eine Million Euro zahlen. Der Umbau des Glasgebäudes kostet rund fünf Millionen Euro. Geplant sind jährlich zwei bis drei Sonderausstellungen, die Dauerausstellung wechselt alle zwei Jahre. *röß*

Neu: Centre Pompidou in Málaga

Klima

Pumpen gegen Hochwasser

Miami Beach nimmt den Kampf gegen das Hochwasser auf. Ein gigantisches Pumpensystem, in das die Stadt in den kommenden fünf Jahren 400 Millionen Dollar investieren will, soll künftig die Wassermassen fernhalten. Den ersten großen Einsatz hatten die Pumpen Anfang Oktober, als Miami Beach mit den höchsten Flutwellen der Saison zu kämpfen hatte. Wichtige Straßen wie die Alton Road blieben diesmal fast trocken – im Vorjahr stand das Wasser dort fast kniehoch. „Das ist ein erster Sieg in der langen Schlacht gegen steigende Meeresspiegel“, so Bürgermeister Philip Levine. Die 90 000-Einwohner-Stadt, gelegen auf einer langen, schmalen Insel zwischen Biscayne Bay und dem Atlantik, hat regelmäßig mit Überschwemmungen zu kämpfen. Der Großteil des Gebiets liegt nur maximal zwei Meter über dem Meeresspiegel. Der Boden ist sandig, die Kalksteinschicht darunter wasserdurchlässig. „Aufgrund ihrer geologischen Lage ist die Stadt extrem gefährdet, vor allem, wenn die Flut sehr hoch ausfällt oder wenn es stürmt“, sagt Henry O. Briceño, Geograf und Umweltwissenschaftler an der Florida International University. Der Atlantik übertrete die Schutzwälle

oder drücke Grundwasser hoch, weil das Wasser in den Boden sickere. „Die Überschwemmungen sind extrem teuer für eine Touristenhochburg wie Miami Beach." Die Wasserpumpen seien nur eine kurzfristige Lösung, die Stadt müsse langfristiger denken. Eine Studie der Union of Concerned Scientists, einer Vereinigung von kritischen US-Wissenschaftlern, kam jüngst zu dem Ergebnis, dass die Ostküstenstädte immer häufiger mit Flutkatastrophen zu rechnen haben. Die Hälfte der 52 untersuchten Städte müssten sich demnach bis zum Jahr 2030 auf durchschnittlich zwei Dutzend größere Überschwemmungen jährlich einstellen. *muk*

Meeresbiologie

Pilzköpfe der Tiefsee

Unbekannter Stamm: Die pilzförmigen Tiere wurden vor Australien entdeckt

Eine unbekannte Art zu entdecken ist ein Traum vieler Biologen. Jetzt aber wollen Forscher sogar einen neuen Tierstamm aufgespürt haben. Die Geschichte dieser Sensationsentdeckung begann bereits 1986. Damals war das Forschungsschiff „Franklin" nahe der Insel Tasmanien vor der Südküste Australiens unterwegs. Dabei wurde an einem langen Seil ein Epibenthosschlitten über den Meeresboden in 400 und 1000 Meter Wassertiefe gezogen. Aus dem Drahtkorb klaubten die Forscher zwei winzige Lebewesen. In Formaldehyd konserviert, schlummerten sie jahrelang im Naturkundemuseum von Kopenhagen. Niemand konnte sie einem der bekannten zoologischen Stämme zuordnen – bis jetzt. „Sie gehören wohl zu einem neuen Stamm des Tierreichs", sagt der dänische Biologe Jean Just, der die neue Gattung *Dendrogramma* nennt – zumindest vorläufig. Denn wegen der Konservierung in Alkohol eignen sich die Rätselwesen nicht für eine molekularbiologische Untersuchung, die ihre Abstammung eindeutig klären könnte. „Die Organismen scheinen fast vollkommen anders zu sein als alles, was wir kennen", schreibt Forscher Just im Wissenschaftsmagazin „Plos One". Die wenige Millimeter großen, pilzförmigen Tiere bestehen aus Körperscheiben eines gallertartigen Materials. Zwischen der äußeren Haut und den innen liegenden Magenzellen verteilt ein weit verästeltes Verdauungssystem die Nährstoffe, vermutlich Bakterien. Die Mundöffnung am unteren Ende des Stieles dient gleichzeitig auch als After. Zwar teilt *Dendrogramma* eine Reihe von Merkmalen ihres Körperbaus mit den Stämmen der Rippenquallen und Korallentiere. Doch fehlen ihnen andere charakteristische Merkmale dieser primitiven Tiere wie etwa Nesselzellen oder Tentakel. Viel eher, so Forscher Just, besteht eine Verbindung zu den rätselhaften Ediacarafossilien, Lebensformen, die schon vor 600 Millionen Jahren im Präkambrium ausgestorben sind und als „erster Versuch mehrzelligen Lebens" gedeutet werden. Sollten sich die „Pilzköpfe" tatsächlich als Vertreter eines frühen Zweiges am Lebensbaum erweisen, „dann muss der Stammbaum des Lebens umgeschrieben werden", sagt Biologe Simon Conway Morris von der University of Cambridge. „Um aber mehr über die Verwandtschaftsverhältnisse zu anderen Organismen zu erfahren, müssen erst noch frische Exemplare aufgespürt werden", erklärt Dorte Janussen vom Senckenberg-Forschungsinstitut in Frankfurt am Main. Eine Expedition ist für die nächsten Jahre geplant. *jsc*

Schifffahrt

Elektroschiff ohne Crew

Der Schiffsklassifizierer DNV GL entwickelt ein Elektroschiff, das ohne Besatzung auskommt. Das Konzeptschiff „ReVolt" ist ein 60 Meter langes und 14 Meter breites Kurzstreckenschiff, das rund 100 Container transportieren kann. Es wird von einer 3000-Kilowatt-Batterie angetrieben, die einen Dieselmotor ersetzt und vier Stunden Ladezeit benötigt. Die Batterie hat eine Reichweite von 100 Seemeilen. „Wir wollten wissen, wie weit man in den Bereichen Energieeffizienz, Emissionen und Sicherheit gehen kann", erklärt Hans Anton Tvete, Forscher beim DNV GL. Die Konstruktionskosten des Schiffes liegen bei zehn Millionen Euro und sind damit vergleichbar mit einem klassischen Containerschiff. Geht man von 30 Betriebsjahren aus, dann spart „ReVolt" rund 34 Millionen Dollar im Vergleich zu einem Dieselschiff, da Brennstoff- und Personalkosten wegfallen. „ReVolt" soll auf Anregung der norwegischen Regierung entlang der norwegischen Küste fahren und Straßentransporte ersetzen. Das Interesse sei vorhanden, sagt Tvete. Aber noch fehle der gesetzliche Rahmen, um „ReVolt" in naher Zukunft einzusetzen. *muk*

Illustration: Ueli Etter

Impressum

mare

Verleger
und Chefredakteur
Nikolaus Gelpke (V.i.S.d.P.)

Stellvertretender Chefredakteur
Textchef
Karl Spurzem
spurzem@mare.de

Art Director
Nadja Zobel, zobel@mare.de

Photo Director
Barbara Stauss, Petra Koßmann
stauss@mare.de, kossmann@mare.de

Redaktion Leben/Politik
Dimitri Ladischensky
ladischensky@mare.de

Redaktion
Wirtschaft/Wissenschaft
Jan Keith
keith@mare.de

Redaktion Kultur
Zora del Buono, Martina Wimmer
delbuono@mare.de, wimmer@mare.de

Redaktion Online
Wiebke Böse
boese@mare.de

Leitung Marketing/Kommunikation
Jan Lehmköster
lehmkoester@mare.de

Vertriebsleitung
Karin Trommer
trommer@mare.de

Buchhaltung
Nicole Steinhauser
steinhauser@mare.de

Organisation
Peter Bahlmann
bahlmann@mare.de

Satz/Lithografie
Andrea Best
best@mare.de

Korrektorat
Susanne Feyke

Produktion
Holger Schmirgalski

Druck
Druckhaus Kaufmann

Vertrieb
DPV Deutscher Pressevertrieb GmbH
ISSN 1432-928X
ISBN 978-3-86648-041-4

Abonnementvertrieb
QS Quality Service GmbH

Anzeigen

Anzeigenvermarktung

iq media marketing gmbh

Ein Unternehmen der Verlagsgruppe

Handelsblatt

Kasernenstraße 67, 40213 Düsseldorf

www.iqm.de/mare

Anzeigenleitung **mare**

Anke Wiegel,

iq media marketing gmbh

Speersort 1

20095 Hamburg

Tel. 040/3280-345, anke.wiegel@iqm.de

Repräsentanz Düsseldorf

Marion Weskamp, Tel. 0211/887-2055

Kasernenstraße 67

40213 Düsseldorf

Repräsentanz Frankfurt/Main

Oliver Mond, Tel. 069/2424-4536

Eschersheimer Landstraße 50

60322 Frankfurt/Main

Repräsentanz München

Axel Schröter, Tel. 089/545907-17

Nymphenburger Straße 14/2. Stock

80335 München

International

iq media marketing gmbh

Gerda Gavric-Hollender, Tel. 0211/887-2343

Kasernenstraße 67, 40213 Düsseldorf

Österreich

Internationale Medienvertretung & Service

proxymedia e.U.

Michael Schachinger-Brauner

Tel. +43/(0)2622/36755

Wiesengasse 3, 2801 Katzelsdorf

Schweiz

Top Media Sales GmbH

Walter von Siebenthal, Tel. +41/(0)41/7105701

Chamerstrasse 56, 6300 Zug

Anschriften

Redaktion und Verlag

mareverlag GmbH & Co. oHG

Sandthorquaihof

Pickhuben 2

20457 Hamburg

Telefon 040/36 98 59-0

Fax 040/36 98 59-99

mare@mare.de, www.mare.de

Redaktionsbüro Berlin

Oranienstraße 10–11

10997 Berlin

Art Direction: Telefon 030/612 86 154

Photo Direction: Telefon 030/617 027 34

Redaktion Kultur: Telefon 030/612 806 93

Fax 030/612 806 94

Abonnementservice

mare-Service

Postfach 11 10 11, 20410 Hamburg

service@abo.mare.de

Telefon +49/(0)40/3007-3536, Fax -853536

Jahresabonnement: 51,30 Euro/91 CHF

Studentenabonnement: 45,60 Euro/79 CHF

mare ist stets erhältlich im

Bahnhofs- und Flughafenbuchhandel.

mare erscheint im **mare**verlag

GmbH & Co. oHG, HRA 90234,

PHG: Dreiviertel Verlag GmbH,

HRB 63029, Nikolaus Gelpke

Bild- und Textnachweis

Bildnachweis

(l.: links; r.: rechts; M.: Mitte; o.: oben; u.: unten)

Titel: Evgenia Arbugaeva; S. 5: Mathias Bothor; S. 6 v.o.l.n.u.r.: Heidi und Hans-Jürgen Koch; Ullstein Bild/The Granger Collection; Evgenia Arbugaeva; Rae Tashman; Bettmann/Corbis; Christian Schellewald; Simon Norfolk/Institute; S. 8/9: mare/Illustration: RB + MKB-Deskkart, Hamburg; S. 12–25: Heidi und Hans-Jürgen Koch; S. 26 (Karte): Peter Palm, Berlin; S. 29: Vincent van Gogh, „Spaziergänger am Strand (Strand in Scheveningen)“, Foto: akg-images/MPortfolio/Electa; S. 30/31 und 32: National Maritime Museum, London/Interfoto; S. 33: Edward Bookhout/Reproduction Number: LC-USZ62-5852/Library of Congress, Prints and Photographs Division, Washington, D.C.; S. 34: Reproduction Number: LC-D4-70504/Library of Congress, Prints and Photographs Division, Washington, D.C.; S. 35: UPPA/Photoshot Photo; S. 37: privat; S. 38 (Karte): Peter Palm; S. 39: [M] mare, Foto: Mary Evans/Interfoto; S. 40: aus: The Real Robinson Crusoe, R. L. Mégroz, The Cresset Press, London; S. 42–61: Evgenia Arbugaeva; S. 62 (Karte): Peter Palm; S. 64: Wilfried Erdmann; S. 68 und 69: Jörg Hülsmann; S. 71: Rae Tashman; S. 74 und 75: Jörg Hülsmann; S. 76/77: Coursen, W. L./State Archives of Florida, Florida Memory, http://floridamemory.com/items/show/150059; S. 79: Bettmann/Corbis; S. 80/81: Hulton Archive/Getty Images; S. 82 (Karte): Peter Palm; S. 83: LeSesne, Richard H./State Archives of Florida, Florida Memory, http://floridamemory.com/items/show/150021; S. 84 o.l.: Underwood & Underwood/Corbis; S. 84 o.r: Bettmann/Corbis; S. 84 u.l.: LeSesne, Richard H./State Archives of Florida, Florida Memory, http://floridamemory.com/items/show/150004; S. 85 o.: www.letrabe.es/Clasp/daytona-beach-road-course (Stand: 10/2014); S. 85 u.: Bettmann/Corbis; S. 86: © Al Satterwhite/CPi Syndication; S. 89: Pascal Cloëta; S. 90: Christian Schellewald; S. 101: akg-images; S. 102: Biosphoto/Florian Schulz; S. 103 (Kasten): Kunsthaus Zürich, © ProLitteris, Zürich; S. 103 o.r.: Udo Bernhart/Schapowalow; S. 104: British Library, London; S. 106: Heike Ollertz/Ag. Focus; S. 108: Judith Buss; S. 109 u.: privat; S. 113–121: Simon Norfolk/Institute; S. 122 (Karte): Peter Palm; S. 124–127 (Illustration unten): Ueli Etter; S. 124 o.l.: Baha Mar; S. 124 u.: Courtesy of The Bermuda Perfumery; S. 125 o.l.: Kriki/Christian Groß; S. 125 (Kasten): © Tim Hetherington/Magnum Photos/Ag. Focus; S. 126 o.l.: Don Bartletti/Los Angeles Times/Polaris/StudioX; S. 126 u.: Ayuntamiento de Málaga; S. 127: Jean Just, Reinhardt Møbjerg Kristensen, Jørgen Olesen/Plos One; S. 128: Heike Ollertz/Ag. Focus S. 129 o.: Reuters/Brazilian Air Force/Handout; S. 129 M.: Nicole Strasser; S. 129 u.: Ian McAllister; S. 130: Agnete Sabbagh; Heftrücken: Conny Bangert.

Textnachweis

S. 28 l.: Poul Borum, „Worte, Strand“, aus dem Dänischen von Peter Urban-Halle und Henning Vangsgaard. In: „Akzente“ 99, Heft 5, hrsg. von Michael Krüger; S. 28 r.: aus: Gustave Flaubert, „Memoiren eines Irren“, © 2005 Diogenes Verlag AG, Zürich, hrsg. und aus dem Französischen von Traugott König.

Der Abonnementauflage von **mare** sind Beilagen von remember products GmbH, Krefeld, Plan International Deutschland e.V., Hamburg, und Studiosus Gruppenreisen GmbH, München, hinzugefügt. Wir bitten um freundliche Beachtung.

mare No. 108

Februar/März 2015

ab 3. Februar 2015 im Zeitschriften- und Buchhandel

Todesflug AF 447

Es war eine der größten Katastrophen der Luftfahrt: Am 1. Juni 2009 stürzte ein Airbus A330 der Air France auf dem Weg von Rio de Janeiro nach Paris ab – mitten über dem Atlantik. 228 Menschen starben. Zwei Jahre war die Maschine samt Flugschreiber im Meer verschollen – bis ein Kieler Ingenieur das Wrack in 3900 Meter Tiefe fand. Exklusiv in **mare** berichtet der deutsche Meereskundler über seine dramatische Suche nach Flug AF 447.

König Carlos I.

Portugals vorletzter König, Carlos I., war ein Meeresnarr. Er sammelte Yachten wie andere Könige Schnupftabakdosen. Und er widmete sich der Meeresforschung.

Der wahre Jim Knopf

An Bord der HMS „Beagle" lernte Charles Darwin Jemmy Button kennen, einen verschleppten Ureinwohner Feuerlands. War dieser Junge das Vorbild für Michael Endes Romanfigur Jim Knopf?

Japans Öffnung zur Welt

Im Juli 1853 erzwingen vier US-Kriegsschiffe die Öffnung japanischer Häfen und damit das Ende des *sakoku*, der jahrhundertelangen Isolation Japans.

René Quinton

Vor 100 Jahren ein Star der Medizin, heute so gut wie vergessen: Der Franzose René Quinton behandelte Krankheiten wie Gastroenteritis, in dem er den Patienten Meerwasser injizierte.

Fotopionier Franz Schensky

Wolken, Wellen, Wind – niemand verstand es besser, die Dramatik des Meeres mit der Kamera einzufangen, als der Helgoländer Franz Schensky.

Der teuerste Thunfisch der Welt

Tokio, Fischmarkt, 5. Januar 2013: Ein Blauflossen-Thunfisch erzielt den Rekordpreis von 1,3 Millionen Euro. Wer ist der Fischer, dem dieser Fang gelang?

Biarritz

Seit Napoleon III. seiner Gattin Kaiserin Eugénie in Biarritz eine Residenz bauen ließ, ist der französische Badeort am Atlantik das Synonym für vornehme Sommerfrische. Doch stimmt dieses Klischee heute überhaupt noch? Unser Autor begibt sich auf die Suche nach dem Mondänen.

Küstenwölfe

Beim Lachsfischen, auf Seehundjagd, bei der Aufzucht der Jungen – Biologin Gudrun Pflüger ist den kanadischen Küstenwölfen extrem nahe gekommen. Ein Interview.

Die in Köln lebende Illustratorin Agnete Sabbagh interpretierte für **mare** „Nichts haut einen Seemann um" von Udo Lindenberg. Das Lied erschien 1973 auf Lindenbergs drittem, höchst erfolgreichen Studioalbum „Alles klar auf der Andrea Doria" und ist eine sentimentale Hommage an einen alten Käpten, der an Land den Erinnerungen nachhängt. Zu Beginn zeigt es mit einem Mundharmonikasolo Anklänge eines Shantys, wird im Verlauf aber zu dem eingängigen Rockpop, der für Lindenberg und sein Panikorchester bis in die Gegenwart typisch ist. Seine Qualitäten als Schlagzeuger zeigte er Anfang der 1970er-Jahre in namhaften Jazzrockbands wie Klaus Doldingers Passport – in dessen „Tatort"-Krimi-Titelsong spielt Lindenberg ebenfalls Schlagzeug.